JUNGE**YOUNG**
DEUTSCHE**GERMAN**
ARCHITEKTEN**ARCHITECTS**

ANGELIKA SCHNELL

JUNGE YOUNG DEUTSCHE GERMAN ARCHITEKTEN ARCHITECTS 2

Birkhäuser –
Publishers for Architecture
Basel · Berlin · Boston

Rudolf Stegers sei für die redaktionelle Beratung
und inhaltliche Anregung gedankt.

**Thanks go to Rudolf Stegers for editorial counsel
and conceptual suggestions.**

Gestaltung | **Layout and cover design:**
buero kleinschmidt · Berlin

Übersetzung ins Englische | **Translation into English:**
Ian Pepper, Berlin; Annette Wiethüchter, Berlin
(Projekttexte | **Project texts** Pasing)

A CIP catalogue record for this book is available from
the Library of Congress, Washington D.C., USA

Deutsche Bibliothek Cataloging-in-Publication Data

Young German Architects 2 = Junge deutsche Architekten 2 /
Angelika Schnell. [Transl. into Engl. Ian Pepper].– Basel;
Berlin; Boston: Birkhäuser Bd. 1 u. d. T.: Junge deutsche
Architekten und Architektinnen
2.–(2000)

ISBN 3-7643-5865-3
ISBN 0-8176-5865-3

© 2000 Birkhäuser – Publishers for Architecture
P.O.Box 133, CH-4010 Basel, Switzerland

Printed on acid-free paper produced from chlorine-free pulp

Printed in Germany
ISBN 3-7643-5865-3
ISBN 0-8176-5865-3

9 8 7 6 5 4 3 2 1

INHALT | **CONTENTS**

Die strategische Generation

In den neunziger Jahren scheinen sich die postmoderne Architektur und ihre Vertreter aus der allgemeinen Debatte verabschiedet zu haben, erstickt am eigenen Erfolg und dies obwohl – oder weil – die nachfolgende Generation nicht gewillt ist, zum Angriff gegen die Postmoderne zu blasen wie diese früher gegen die Moderne der Nachkriegszeit. Zwar gibt es Bemühungen um begriffliche Kategorisierung der „post"-postmodernen Zeit, doch reicht vorläufig die Feststellung aus, daß etwa seit Beginn der neunziger Jahre eine Vielfalt verschiedener Strömungen eingekehrt ist, bei der es den Anschein hat, als habe sich der eingeklagte Stilpluralismus der Postmoderne so selbstverständlich etabliert, daß deren ursprüngliche Propagandisten in anstößiger Weise ideologisch erscheinen und deshalb von der Bühne weichen müssen. Auch wenn in Berlin die Fahne des historischen Bauens hochgehalten wird oder die erzählerischen Architekturen eines Frank Gehry oder Santiago Calatrava große Erfolge feiern, läßt ein Blick auf das aktuelle Baugeschehen oder in die Architekturzeitschriften erkennen, daß vor allem bei der jüngeren Generation alles erlaubt ist außer postmoderner Architektur.

Weil spätestens seit der Internationalen Bauausstellung 1984/87 in Berlin auch in der Bundesrepublik internationale Namen und Themen breit diskutiert werden und das zeitweise Studieren oder Arbeiten im Ausland für angehende Architekten obligatorisch geworden ist, findet man – keineswegs überraschend – bei den jüngeren deutschen Büros in abgewandelter oder abgeschwächter Form den ganzen Katalog der Import-Hits der neunziger Jahre: Neo-Minimalismus aus der Schweiz, High-Tech mit Öko-Zusatz aus Großbritannien, künstliche Natur aus Frankreich, „Kasbah-Architektur" aus den Niederlanden, computergenerierte „blobs" aus den USA. Während der Rest Westeuropas und die USA mit regionalen oder nationalen „Szenen" identifiziert werden, ist die Bundesrepublik wie ein Schwamm, der Lokales wie Internationales gleichermaßen aufsaugt und zu einer schwer bestimmbaren Melange verarbeitet. Der Blick auf die „Szene" in Deutschland ist daher wie der Blick in einen etwas stumpfen Spiegel, der fast alle wichtigen Schulen und Strömungen zeigt, die mit Verspätung auch hierzulande einflußreich geworden sind und durch die föderative Struktur des Landes in noch mehr Facetten zersplittert ist.

Doch fußt dieses Buch nicht auf architektonischer Kategorisierung. Die Suche nach formalen Gemeinsamkeiten oder Unterschieden der jungen Büros führt möglicherweise sogar in die Irre, weil besagte Aufsplitterung nicht mehr programmatisch oder bloß regional bedingt ist, sondern Folge von Entwicklungen, die die Architektur von außen einholen – ein Phänomen, das das Selbstverständnis der Architektur der neunziger Jahre insbesondere in der Bundesrepublik von den vorangegangenen Jahrzehnten auffällig unterscheidet und wegen der damit einhergehenden architektonischen Genügsamkeit gleichermaßen als Einkehr in ruhigere Gewässer wie auch als radikaler Wandel interpretiert werden kann.

Globalisierung, neue Medientechnologien, Neoliberalismus, Umweltzerstörung, Bevölkerungsexplosion, Cyberspace, asiatische Megacities, Videoüberwachung in öffentlichen Gebäuden und Räumen – sie diktieren nicht nur den Diskurs, sondern schaffen Tatsachen, von denen sich viele Architekten in die Rolle von Beobachtern und Reagierenden gezwungen sehen. Vorbei die Zeit, da Traktate und Manifeste über „Neues Wohnen", den „Neuen Menschen", über die Architektur der Stadt, über ökologisches Bauen oder ähnliches verfaßt wurden. Drängender als stilistische und architekturtheoretische Fragen ist seit den neunziger Jahren der Wandel des Berufsbildes, ausgelöst durch besagte Entwicklungen, die das Bild vom allein verantwortlichen Baumeister und „letzten Generalisten" offenkundig unterlaufen. Allerorten wird über die Folgen der EU-weiten Wettbewerbe, der Aufsplitterung des Bauprozesses in ein undurchschaubares Geflecht von Spezialisten und Entscheidungsträgern, der neuen Kommunikationsstrukturen, der Mediatisierung des öffentlichen Raums, der zunehmenden Macht von privaten Investoren, des Bankrotts der öffentlichen Hand, des Endes des Sozialen Wohnungsbaus als Motor der Stadtentwicklung oder der nicht enden wollenden Zersiedelung für den Berufsstand diskutiert. Insbesondere die jüngere Generation ist davon betroffen, da der Beginn ihrer Karriere mit diesen Entwicklungen zusammenfällt.

An der Generation der Mitt- und Enddreißiger, die hier im Buch durch zwölf Büros exemplarisch vertreten ist, lassen sich daher Symptome und Themen der abgelaufenen Dekade aufzeigen. Alle haben in den achtziger Jahren studiert, als die Auftragslage äußerst schwierig war und es trotz der Verschiedenartigkeit postmoderner Architekturkonzepte letztlich nur ein einziges Thema gab, nämlich die Wiederentdeckung der bestehenden Stadt. Ihr Bürostart fällt in die Neunziger, als sich die äußeren Bedingungen gerade ins Gegenteil verkehrt hatten. Die Wiedervereinigung Deutschlands brachte anfänglich Hoffnung auf eine neue Gründerzeit, jedoch keine wesentlichen Impulse für die allgemeine Architekturdebatte. Das Datum 1989 markiert dennoch den Beginn umfassender Veränderungen. Der Umbau von der Industrie- zur Dienstleistungsgesellschaft, das Eindringen der Computertechnologie in den Alltag, die verstärkte Globalisierung der Wirtschaft, die Unabhängigkeit des kapitalistischen Systems von Demokratie und westlichen Werten sind Themen, die hier erst nach dem Ende des Kalten Krieges und damit dem Ende einer ideologisch klaren Sicht auf eine in Ost und West geteilte Welt an Deutlichkeit gewannen. Insbesondere in der alten Bundesrepublik, wo man jahrzehntelang unter amerikanischem Protektorat die beruhigenden Vorteile des „politischen Zwerges" genoß, muß sich nun gerade die Generation, die um die Zeit des Mauerbaus geboren wurde und daher die Existenz zweier deutscher Staaten nur als schlichte Tatsache kannte, im politischen und gesellschaftlichen Gefüge neu orientieren.

Gleichwohl bleibt im Westen der Republik alles beim Alten. Ungefähr seit den sechziger Jahren, so diagnostiziert Hans Magnus Enzensberger in „Mittelmaß und Wahn" (Frankfurt/Main 1988), ist die Bevölkerung der Bundesrepublik in das Fahrwasser einer bewußt angestrebten „Mittelmäßigkeit" eingekehrt, deren Selbstbewußtsein mehr aus der Orientierung an „Exportals an Grundgesetzartikeln" erwächst. Weil die Deutschen „ihre Geschichte eigenhändig gesprengt" haben, leben sie in einer Art zeitloser Bewußtlosigkeit, die sie mißtrauisch gegen jeden Fanatismus oder radikalen Wandel macht. Ihr Patriotismus ist eher ein „Lufthansa- oder Mercedes- als ein Verfassungspatriotismus". Der unerwartete Erfolg der Bundesrepublik besteht darin, zum ersten Mal seit etwa hundert Jahren für einige Jahrzehnte gesellschaftliche Kontinuität bei relativem Wohlstand geschaffen zu haben. Und die Generation, die genau während dieser Zeit aufwächst, will eigentlich nichts anderes als diesen Zustand erhalten, auch wenn sich die großen Koordinaten verschoben haben.

Mißtrauisch bis feindselig gegenüber ideologischen Zuspitzungen, treten viele aus der hier vorgestellten Architektengeneration nicht demonstrativ mit einer Architektursprache auf, die bestimmte Themen symbolisch kommuniziert. Ganz gegensätzlich zum postmodernen Pluralismus, wo die architektonischen Sprachen als Zeichen Träger von Botschaften waren, gelten Formalismus, Eklektizismus und Bedeutungsfassaden bei den hier vorgestellten Büros als hohle Phrasen. Statt dessen läßt sich eine Resensibilisierung gegenüber den „harten" strukturellen Aspekten des Bauens ausmachen, die die einst so verpönten funktionalen und technischen Aspekte wieder stärker in das Entwerfen einbezieht, ohne daraus allgemeingültige Standards abzuleiten, die die Besonderheit jedes Projektes und den Wunsch nach Individualität mißachten würden. Das einzelne Projekt als Experimentierfeld, der oft artikulierte Wunsch, einfach nur zu bauen, die Abkehr vom Städtebau, das Mißtrauen gegenüber Allmachtsphantasien oder parolenhaften Verlautbarungen: Fraglos dominiert Pragmatismus die „Jungen". Es wäre zu untersuchen, ob diese Haltung Überforderung, ja Ohnmacht gegenüber einer Realität ausdrückt, der die Architektur bestenfalls hinterherlaufen kann, oder ob sie gerade einen leistungsfähigen

Zugriff auf die Wirklichkeit darstellt, der als Konzept – da er auf Architektur- und Theoriediktate verzichtet – in seinen Konturen unscharf bleibt.

Architektonische Kategorisierungen verfehlen daher das Thema. Das Augenmerk muß sich auf die Strategien der jungen Architekten richten, mit denen sie sich zu behaupten versuchen. Alle zwölf hier vorgestellten Büros sind jeweils mit demselben Fragenkatalog konfrontiert worden, der außer Fragen zur Architektur auch allgemeine zu Politik und Gesellschaft enthielt. Insgesamt handelt es sich um 27 Männer und vier Frauen, alle aus den alten Bundesländern: zweifellos eine anfechtbare Auswahl. Nicht nur der Proporz, sondern auch der Ansatz des Buches hätte mehr Frauen und vor allem Büros aus den neuen Bundesländern verlangt. Die wenig befriedigende Erklärung lautet: Weder ist es im Rahmen eines solchen Buches möglich, sämtliche jüngeren Büros in der Bundesrepublik zu überschauen, ja überhaupt kennenzulernen, noch kann man die Tatsache ignorieren, daß trotz aller politischen Forderungen der Anteil der Büros, die von Frauen geführt werden oder aus den neuen Bundesländern stammen, bei denen, die sich bereits einen Namen gemacht haben, äußerst gering ist. Nach diesem Zustand befragt, äußern sich die meisten wie alle, die wissen, daß sie privilegiert sind: politisch korrekt, aber weitgehend unberührt. Nur einer konstatierte, daß in seinem Büro die Frauen die besseren Architekten seien, nur würden sie im Zuge von Heirat und Kindern „einfach irgendwie" verschwinden.

Um dem Buch thematische Klarheit zu verschaffen, ist auf den Proporz verzichtet worden. Ausgewählt wurden die Büros nach Generationszugehörigkeit (in den sechziger Jahren aufgewachsen), nach Aussagefähigkeit (mehr als ein bekanntes Projekt) und nach ihrem Status, der den Sprung in die Wonnen und Beschränkungen einer gesättigten Auftragslage noch nicht geschafft hat. Befragt wurden sie nach ihrem Selbstverständnis als Nachfolger der Achtundsechziger, nach ihrem Verhältnis zu Politik und Städtebau, nach der Relevanz theoretischer Arbeit für die Praxis, nach der Postmoderne, nach ihrer Auffassung über die Ausbildungssituation in Deutschland sowie über die Bedeutung der Medien und der Ökologie in ihrer Arbeit. Außerdem wurden sie gebeten, ihre Meinung zu einem aktuellen politischen Thema zu äußern, zum Zeitpunkt der Interviews der Kosovokrieg. Zu diesem letzten Punkt gingen als einzigem die Antworten zum Teil stark auseinander. Anfänglich eher zögernd, oft sogar abweisend („dazu gebe ich jetzt keinen Kommentar ab", „das betrifft uns doch hier nicht wirklich"), reichten letztlich die Haltungen von eindeutiger Befürwortung über vorsichtiges Abwägen bis zur gänzlichen Ablehnung des Krieges. Dabei stellte sich häufiger heraus, daß sich Auffassungen der Vergangenheit ins Gegenteil verkehrt hatten. Ehemalige Wehrdienstverweigerer sahen gegen das Morden im Kosovo keine andere Chance mehr, während diejenigen, die den Bundeswehrdienst absolviert hatten, häufig vorsichtiger argumentierten. Für Dagmar Richter, die schon lange in den USA lebt und sich als einzige Frau zum Thema geäußert hat, stellt der Krieg im Kosovo keinen Wendepunkt in der Geschichte der westlichen Industrienationen seit dem Zweiten Weltkrieg dar. Weil es bei den „professionellen Kriegstreibern" immer nur um wirtschaftliche Interessen, das heißt, um Zugang zu Energieressourcen gehe, müsse man sich nicht der Illusion hingeben, der Westen kämpfe für Menschenrechte.

Keiner der befragten Architekten und Architektinnen war je in einer Partei oder sonstig politisch engagiert. Zum einen wird diese Arbeit als zu akulturell eingeschätzt, zum anderen gerät man zu leicht in die Verpflichtung von Gruppen- oder Parteimandaten, was dem Selbstverständnis der meisten als unabhängige und kreative Individualisten zuwider läuft. „Man kann nicht allein die Welt revolutionieren, aber wenn man von dem, was man tut, überzeugt ist, kann es langfristig Wirkungen haben." Dieses Zitat von Frank Drewes könnte für fast alle gelten. „Die Welt wird immer komplexer, genauso die Aufgaben der Architektur." „Sozial-politische Zuordnungen wie links und rechts haben ihre Relevanz eingebüßt." „Außer der Ökologie gibt es kein übergreifendes Thema mehr." „Wir sind härter, realistischer geworden." „Die zunehmende Individualisierung spreizt die Gesellschaft in partikulare Interessen." „Die architektonische Lösung ergibt sich aus der spezifischen Aufgabe." So oder ähnlich artikuliert sich das politische und gesellschaftliche Selbstverständnis der Architektengeneration der Mittdreißiger. Man könnte sie für politisch indifferent halten, vielleicht tritt aber auch eine Generation auf, die den überlieferten Widerspruch zwischen rein politischer und rein ästhetischer Arbeit als obsolet betrachtet, indem sie ihre architektonischen Auffassungen von ihren Bürostrategien und Produktionsweisen ableitet.

Ganz allgemein beziehen sich diese Strategien auf besagten Berufsbildwandel, der aufmerksam bis skeptisch beäugt, zugleich aber auch als Möglichkeit wahrgenommen wird. Daß sich Dinge im Wandel befinden und offen sind, ist für diese Generation bereits viel selbstverständlicher als für ihre Vorgänger, die für jede Veränderung kämpfen mußten und zugleich mehr Angst davor hatten. Sämtliche hier vorgestellten Architekten äußern sich weitgehend respektvoll über die Achtundsechziger, von deren politischem und kulturellem Kampf für gesellschaftliche Liberalisierung man profitiert hat, doch halten es die meisten gerade deshalb für überflüssig, den Kampf fortzuführen oder sich den Vorgängern aus prinzipiellem Generationenstreit mit der gleichen Radikalität entgegenzustemmen wie diese ihren Vätern. Die allmähliche Verschiebung und Verwischung einstiger Grenzen und eindeutiger Zuordnungen wie links und rechts, oben und unten, wird von allen als Tatbestand konstatiert. Gerade die alten Argumente, etwa die der Frauenbewegung, werden heute, so Dagmar Richter, zu „noch rücksichtsloserer Ausbeutung von Frauen ausgenutzt". Und ursprünglich von links kommende Slogans wie „Come together" oder

„Think different" gehen Managern und Marketingvertretern leicht von den Lippen. Im Nachhinein betrachtet, sind zwar viele der politischen Forderungen der Achtundsechziger gescheitert. Doch ihre kulturellen Strategien haben die Gesellschaft erfolgreich unterlaufen. Nicht zuletzt aufgrund dieses Erbes vertrauen die hier vorgestellten Architekten darauf, daß jede kulturell kritische Aussage im vorpolitischen Feld mehr erreicht als unmittelbarer politischer Kampf.

Die meisten konzentrieren sich auf das einzelne Projekt, an dem sich die Vielfalt der Themen und Einflüsse bündeln und zugleich jene Offenheit, die die Gesellschaft charakterisiert, exemplarisch praktizieren läßt. Zum Teil bereits fast programmatisch, fassen sie ihr eigenes Büro als Labor auf, in dem ohne Dogma jedes Projekt als Schnittstelle und Modellfall für zeittypische Themen bearbeitet wird. Ob es die sich wandelnden Wohn- und Arbeitsformen oder der Einfluß der neuen Informations- und Kommunikationstechnologien auf das Bauen sind: Die bei jedem Projekt nach Flexibilität verlangenden organisatorischen und infrastrukturellen Bedingungen sind nicht nur räumlich zu lösen, sondern stehen häufig auch Pate für die Art der eigenen Organisation. Insofern werden auch die anderen „klassischen" Fragen nach der architektonischen Form, den Medien, dem Städtebau, der Theorie, der Ausbildung, der Ökologie, „strategisch" beantwortet. Keiner ist explizit gegen Form, doch sollen sich „Formen logisch aus der Aufgabe, der inneren Organisation erschließen" (Armand Grüntuch). Städtebau – vor allem der durch die postmodernen Theorien wiedergekehrte formalistische Masterplan – wird von vielen als Anmaßung des Berufes betrachtet, doch äußern die meisten Sympathie mit der Einzelintervention, die den städtischen Kontext bereits verändert: „Wenn ich mein Auto in der Stadt parke, möbliere ich das Stadtbild mit, wenn ich auf's Land ziehe, leiste ich meinen Beitrag zur Peripherie, wenn ich Gardinen oder Rolläden aus dem Baumarkt aufhänge, verändere ich die Fassade." (Anton Markus Pasing) „Wie Städte wirklich entstehen, entzieht sich sowieso dem Visuellen." (Gerhard Kalhöfer, Stefan Korschildgen) Daß jedoch die Beschäftigung mit der Stadt und ihrer Entstehung völlig obsolet sei, wagt keiner zu sagen. Allein Dagmar Richter und Ilse und Ulrich Königs suchen experimentell nach neuen Strategien der Stadtplanung. Beide Büros haben starke Affinitäten zur amerikanischen Debatte, wo der Einfluß der Theorie groß ist. Dies erlaubt ihnen, größere Zusammenhänge entwurflich zu erfassen.

Theorie, ganz gleich, ob aus der Philosophie, der Kunst, der Mathematik oder der Architektur, wird von den meisten genauso als „weiches" Material genutzt wie sämtliche anderen Aspekte des Entwerfens und Bauens. Konzeptuelle Trennung zwischen Theorie und Praxis hält Wolfram Popp für gefährlich, weil dadurch „vorschnelle Zuordnungen und Denkverbote" entstehen. Als einziges übergreifendes Thema wird Ökologie akzeptiert, doch lehrt die Erfahrung, daß einzelne umweltfreundliche Lösungen, wie zum Beispiel die Ausstattung von Einfamilienhäusern mit Solarzellen, im Gesamtkontext der Zersiedelung sinnlos sind. Deshalb schwingt sich niemand zum Fahnenträger auf. Statt dessen fließen in die große „kreative Blase" (André Poitiers), das heißt, das Projekt und das Büro, verschiedene Ideen ein, die erst im Verlauf der Entwurfspräzisierung bewußt werden. Büros wie b&k+ und [kunst und technik]ᵉᵛ machen dieses kollektive Unbewußte sogar zum Programm, indem sie von Anbeginn die unterschiedlichsten Leute aus anderen Disziplinen gleichberechtigt in jedes Projekt einbeziehen. Weil es jedoch nicht um freie Kunst geht, sondern um ein kommerzielles Produkt, wird ein Ziel formuliert. Insofern handelt es sich nicht um die Wiederaufnahme der surrealistischen Methode des „cadavre exquis" oder der „écriture automatique". Es entscheidet die strategische Steuerung, die vieles offen halten, aber nicht über alles die Kontrolle verlieren will.

Dieses Navigieren zwischen unterschiedlichen Standpunkten in einer formlosen Struktur scheint auch in der Ausbildung zu wurzeln. Außer von Auslandsaufenthalten her kennt keiner mehr die Eliteuniversität und das klassische Meister-Schüler-Verhältnis. Alle haben sie die Massenuniversität durchlaufen. Dennoch halten nicht wenige – vor allem die, die in Aachen, Darmstadt oder Stuttgart studiert haben – die Hochschulen in Deutschland für besser als ihren Ruf. Gerade die Anonymität erlaube es denen, die Ideen haben, die ungewöhnlichsten Dinge zu tun. Matthias Loebermann geht noch einen Schritt weiter, indem er von der intellektuellen Trägheit, die an deutschen Architekturfakultäten herrsche und die zu „einer soliden Architektur ohne Esprit" führe, weiß, daß sie zumindest vor Epigonentum schütze: „Nichts ist schlimmer als ein schlechter Koolhaas." Der Mangel an großen Lehrern aus den vorangegangenen Generationen lasse Luft zum Atmen. Gleichwohl will keiner auf die Erfahrung aus dem Ausland verzichten. Nach Belieben zwischen zwei verschiedenen Positionen wechseln zu können, halten fast alle für das Optimale.

„Doppelstrategie" heißt demnach die erste der drei Gruppen, die in diesem Buch aufgemacht werden. Zusammen mit „Netzwerk" und „Solo" steht sie für drei strategische Lösungen, die als zeittypische Antwort der jüngeren Generation auf die äußeren Bedingungen interpretiert werden. Die Begriffe sind mit Absicht recht allgemein ausgewählt, da das Buch eine Momentaufnahme von Entwicklungen ist und von einer neuen Theorie noch keine Rede sein kann. Sie beziehen sich zum einen auf die Art der Büroorganisation, im Fall von „Doppelstrategie" die Partnerlösung mit mittelgroßer Besetzung, die im Fall von „Netzwerk" die große Gruppe und im Fall von „Solo" das Ein-Mann-Unternehmen bevorzugt. Sie meinen aber auch das damit vermittelte inhaltliche Konzept.

„Das Sowohl-als-auch ist besser als das Entweder-oder." Diese Aussage von Gerhard Kalhöfer und Stefan Korschildgen, die zusammen mit Armand Grüntuch und Almut Grüntuch-Ernst, Ilse und Ulrich Königs und André Poitiers die erste Gruppe „Doppelstrategie" bilden, geht dem Buch voran. In diesem Satz manifestiert sich die generationstypische Weigerung, an unlösbare Widersprüche zu glauben. Daß rechts und links, Technik und Natur, Theorie und Praxis, Individualität und Standardisierung, Vision und Realismus sich unversöhnlich gegenüber stehen, soll mit jedem Projekt Lügen gestraft werden. Ulrich Beck nennt die Vertreter der Epoche, die gelernt haben, die Jeans mit dem Sakko zu paaren, die aufgewachsen sind

mit McDonalds in einem denkmalgeschützten Altbau und einem Umweltminister in Turnschuhen, die „Gesellschaft des Und". Bereits 1988 erkannte Enzensberger – nicht ohne eine gewisse Herablassung – in der „geschichtslosen" Bevölkerung der Bundesrepublik die Fähigkeit zu „einer gesellschaftlichen Kombinatorik", bei der die verschiedenen Mixturen von Stilen, Moden und Lebensweisen zwar nicht „der persönlichen Originalität" entspringen, aber „innerhalb ihrer Grenzen eine endlose Variabilität" zeigen. Doch ist die Kombinatorik dort, wo sie als Integration gegensätzlicher Anforderungen auf ernsthafte Weise gelingt, nichts Geringeres als ein emanzipatorischer Schritt.

Auf andere Art bestimmt Kombinatorik die Konzepte der zweiten Gruppe „Netzwerk", zu der b&k+, netzwerk-architekten, [kunst und technik]ᵉᵛ und Dagmar Richter Studio gehören. In dieser Gruppe werden die Erfahrungen der neuen Informations- und Kommunikationstechnologien besonders intensiv genutzt. In der digitalen Welt ist alles gleich codiert, alles dient gleichermaßen als Information. Unterschieden wird lediglich nach Hard- und Software. Bezogen auf ein Projekt, muß auch die Hardware über eine „weiche", das heißt informelle Struktur verfügen, um als Schnittstelle zwischen vielen beteiligten Personen fungieren zu können. Durch Präzisierung der Vorgaben oder entwurfliche Vorschläge werden im Dialog alle relevanten Differenzierungen Schritt für Schritt festgelegt. Die Lösung ist spezifisch und muß keineswegs als Vorbild für andere Projekte dienen. Vorbildhaft ist nur die prozeßhafte Arbeits- und Denkweise, die auf Ideologien, starre Rahmenfestlegungen, Objektfetischisierungen und individuellen Ausdruck weitgehend verzichtet.

Anti-ideologisch verstehen sich auch die Vertreter der letzten Gruppe „Solo". Doch auf den individuellen Ausdruck wollen Wolfram Popp, Frank Drewes, Matthias Loebermann und Anton Markus Pasing nicht verzichten. Auf die Komplexität und Unübersichtlichkeit der gesellschaftlichen und politischen Themen antworten sie mit Rückzug auf eine überschaubare Position. Ihre „Schnittstelle" im Netz der Beziehungen ist kein künstliches Implantat, sondern die eigene Person mit eigenen Ideen, an der sich die anderen reiben müssen. Daß es sich dabei nicht um eine kulturelle Verweigerungsstrategie handelt, zeigt der unternehmerische Geist, mit dem alle vier ihre „Auto"-Projekte in Gang setzen.

Unternehmerisch ist mittlerweile bei allen das Verhältnis zu den Architekturverlagen und -zeitschriften. Wo Ideologien fallen, fallen auch Ideale. In Zeiten des Internet hat der berufsmäßige Intellektuelle ausgedient. Die Medien und ihre redaktionelle Infrastruktur werden zunehmend als Plattform genutzt; für den Auftritt wird gezahlt. Auch wenn trotz der Schwemme an Architekturpublikationen das Marktsegment marginalisiert bleibt und sich daher keiner einen Folgeauftrag verspricht, so bleibt die persönliche Genugtuung und eine professionell gemachte Broschüre, die sich für Bewerbungsverfahren eignet. Unausgesprochene Unzufriedenheiten bleiben dennoch zurück. Das Verhältnis zwischen Architekten und Kritik war noch nie so einfach und zugleich so kompliziert.

The Strategic Generation

In the 90s, Postmodernist architecture and its advocates seem to have retreated from the general debate, choking on their own success, even though – or perhaps because – the succeeding generation has hardly been prepared to mount an offensive opposing Postmodernism as the latter once did against the Modernism of the post-war era. Certainly, there have been attempts at conceptual categorization during the "post"-Postmodernist era, but we can provisionally assert that since the beginning of the 90s, a wealth of diverse tendencies has appeared. And this gives the impression that Postmodernism's oft-demanded stylistic pluralism has become so self-evidently established that its original propagandists have come to seem offensively ideological, having finally to yield the stage. And even if the flag of historicism in architecture is upheld in Berlin, or if the narrative architecture of a Frank Gehry or a Santiago Calatrava still meets with tremendous success, the most cursory glance at current building activity, or through the pages of the architectural journals, compels recognition that as far as the younger generation is concerned, everything is permitted – except, that is, for Postmodernist architecture.

Because of the fact that, at the latest by the time of the International Architecture Exhibition (IBA) in Berlin in 1984/87, international names and themes were widely discussed in the Federal Republic, and because study and work abroad had become obligatory for beginning architects, one is hardly surprised to find the entire catalog of import "hits" from the 90s present, even if in transformed or attenuated form, in the offices of the younger generation of German architects: neo-minimalism from Switzerland, high-tech supplemented with eco-features from Great Britain, artificial nature from France, "Casbah architecture" from the Netherlands, computer generated "blobs" from the USA. While the remainder of Western Europe and the USA are identifiable in terms of regional or national "scenes", the Federal Republic is like a sponge, indiscriminately soaking up both local and international ideas, and converting them into a melange which is difficult to characterize. The scene in Germany is thus like a view into a somewhat dull mirror that reflects nearly all of the important schools and tendencies that became belatedly influential here, only to split into even smaller facets through the nation's federal structure.

But this book is not based upon architectural categorization. The search for formal commonalities or differences among the newer firms could well be misleading, because the above mentioned fragmentation isn't programmatically or simply regionally determined, but is instead the consequence of developments which the architects have absorbed from without – a phenomenon which distinguishes the self image of the 90s architecture strikingly from that of the previous decade, especially in the Federal Republic. Given the resulting architectural moderation, this state of affairs may be interpreted either as a return to calmer waters, or as a radical change.

Globalization, new media technologies, neoliberalism, environmental destruction, population explosion, cyberspace, Asian mega-cities, video surveillance in public buildings and spaces: these dictate not only the discourse, but also create facts that many architects believe compel them into the roles of observers and reactors. Gone are the times that produced treatises and manifestos on the "new dwelling", the "new man", on architecture and the city, on ecological building or similar topics. More urgent, since the 90s, than stylistic or theoretical questions, has been the change in the profile of the profession, set in motion by the above mentioned developments, which openly subverted the image of the fully responsible master builder and "last generalist". Everywhere, there are discussions of the consequences for the status of the profession, of such matters as the results of EU-wide competitions, the fragmentation of the building process into an intricate web of specialization and decision-making, the new structures of communications, the mediatization of public space, the increasing power of private investors, the bankruptcy of the public authorities, the end of social housing construction as the engine for urban planning, or of uncontrolled urban sprawl. The younger generation was especially affected by the above developments, since they began their careers already confronted with them.

The symptoms and themes of the recently concluded decade manifest themselves clearly in the younger generation, all of them in their mid-to-late 30s, represented here in this book by twelve exemplary firms. They all studied in the 80s, when the situation regarding commissions was at its most difficult, when despite the difference within Postmodernist architectural conceptions, there was really only one theme, namely the rediscovery of the city. Their professional activities began in the 90s, when external conditions reversed themselves. The reunification of Germany finally brought hope for a new boom era, but without bringing any essential impulse for a general architectural debate. Still, the date 1989 marked the beginning of all-encompassing change. The reorganization of an industrial into a service society, the intrusion of computer technology into every-day life, increasing economic globalization, and the independence of the capitalist system from democratic and western values:

these themes became clearly defined only with the close of the Cold War, and with it the loss of the ideological clarity that had been offered by a world divided into East and West. Especially in the old Federal Republic, enjoying for decades, under American auspices, the reassuring advantages of being a "political dwarf", the generation born around the time of the erection of the Berlin Wall which only knew the existence of two German states simply as a given fact, must now reorient itself within a new political and social framework.

Yet in the western part of the Republic, everything stays the same. Since roughly the 60s – according to Hans Magnus Enzensberger's diagnosis in "Mediocrity and Delusion" (Frankfurt/Main 1988), the population of the Federal Republic has remained trapped in the currents of a deliberately sought-after "mediocrity", their self-confidence springing more from an orientation to "articles of export than to those of constitutional law". Because the Germans "blew up their history by themselves", they live in a sort of atemporal state of unawareness, mistrustful of any fanaticism or radical change. Their patriotism is more "of the Lufthansa or Mercedes than of the constitutional variety". The unexpected success of the Federal Republic consisted in achieving, for the first time in a century, both social continuity and relative prosperity. And the generation growing up during this period wants nothing more than to maintain this condition, even if their main coordinates have now been dislocated.

Mistrustful of ideological polarization to the point of hostility, many members of the generation of architects featured here do not represent themselves ostentatiously with an architectural idiom that communicates certain themes symbolically. In complete contrast to Postmodernist pluralism, where architectural idioms were signs and the bearers of messages, for them terms like formalism, eclecticism and the ideological facade are hollow phrases. Instead, a re-sensitization to the "hard" structural aspects of building is detectable, one re-incorporating those once-taboo functional and technical aspects into architectural production in a pronounced fashion, without deriving generally valid standards from these which might disdain the specific qualities of each project or the desire for individuality. The individual project as field for experimentation, the often-voiced desire to simply build, the turn away from urban planning, the mistrust of fantasies of omnipotence or sloganistic proclamations: without a doubt, pragmatism dominates the "youngsters". It bears looking into whether this attitude is an expression of feeling over-challenged or even overwhelmed by a reality which architecture can at best run after, or whether it represents an effective grasp of actuality,

whose conceptual contours (given the renunciation of architectural and theoretical dictates) remain necessarily vague.

Architectural categorization would therefore fail to delineate our theme. We must turn our attention to the strategies with which the younger firms seek to assert themselves. All twelve of the practices presented in this volume were confronted with the same catalog of questions, including general political and social issues as well as those concerning architecture. Altogether, we are dealing with 27 men and 4 women, all of them from the territories of the old Federal Republic: doubtless, a contestable selection. Not only proportional requirements, but also this book's premise would have necessitated more women, and above all more architects from former East Germany. The unsatisfactory explanation is as follows: it would not have been feasible to get to know, much less survey all younger German firms within the framework of such a book. Nor can we ignore the fact that despite all political demands the share of firms which have already made a name for themselves, and which are either led by women, or emerged from the new federal states, is terribly small. When questioned about this state of affairs, most answered as would anyone who was aware of his/her privilege: politically correct, but to a great extent unmoved. Only one man confirmed that the women in his office were the better architects, but that in the course of marriage and child-bearing, they "seemed, somehow, to simply" vanish.

In order to furnish this book with thematic clarity, proportional representation has been sacrificed. Firms were selected according to membership in a given generation (all grew up in the 60s), suitability for presentation (more than one known project), and their current status, namely prior to accomplishing that leap into the paradise of regular commissions, with all its limitations. They were questioned about their self-images as the successors to the 68ers; about their relations to politics and urban planning; the relevance of theoretical work for their practice; about Postmodernism; about their opinion of current professional training in Germany; as well as about the significance of media and ecology for their work. In addition, they were invited to share their views on current political events: at the time of the interviews, this meant the war in Kosovo. On this last point, their answers were starkly divergent. Initially reserved, often even dismissive ("I won't comment on that now", "that doesn't really affect us"), their attitudes ranged finally from clear advocacy of intervention to the cautious weighing of alternatives, to total rejection of the war. It was often the case that previous opinions had reversed into their opposites. Former conscientious objectors saw no other available option against the murders in Kosovo, while those who had completed military service often argued more cautiously. For Dagmar Richter, who has lived for a long time in the US, and who was the only woman to express her views on the topic, the war in Kosovo did not represent a turning point in the history of the industrial West since World War II. Since it is always a question, with the "professional promoters of war", of economic interests, meaning, of access to energy resources, no one should entertain the illusion that the West is fighting for human rights.

None of the architects interviewed were active members of a political party, nor otherwise politically engaged. For one thing, such work was deemed too a-cultural, and for another, one risked entanglement in group obligations or party mandates, going against the grain of the self-image, shared by most of them, of the independent and creative individualists. "You cannot revolutionize the world alone, but when you are convinced of what you are doing, it can have long-term effects." This quote from Frank Drewes might well be endorsed by any of them. "The world is becoming ever more complex, just like the tasks of architecture." "Socio-political classifications like left and right have lost their relevance." "Aside from ecology, there are no longer any overarching themes." "We have become harder, more realistic." "The increasing individualization disperses society into particular interests." "The architectural solution arises from the specific task." Thus, or in similar terms, does the generation in their mid-30s articulate their political and social self-images. They could be viewed as politically indifferent, but perhaps a generation is emerging that views the traditional contradiction between purely political and purely aesthetic work to be obsolete, in the sense that its members derive their architectural positions from their strategies and methods of production.

In general, such strategies have to do with the above mentioned changes in the profession, eyed with vigilance or even skepticism, but also perceived as a positive possibility. That matters are open and in the process of change is for this generation more self-evident than for their predecessors, who had to fight for changes and at the same time were more anxious about them. All of the architects presented here voiced a high degree of respect for the generation of '68, whose political and cultural battle for social liberalization they have profited from. Yet most of them regard it as superfluous to prolong the fight, or to oppose their predecessors with the same radicality as the latter resisted their own fathers, simply for the sake of the principle of generational disputatiousness. The gradual displacement and blurring of former boundaries and certain categories, such as left and right or high and low, is confirmed by all the facts. Even old arguments, for example those of the women's movement, are today, says Dagmar Richter, "taken up for the sake of an ever more ruthless exploitation of women". And leftist slogans such as "Come together" or "Think differently" trip lightly from the tongues of managers and marketing reps. In retrospect, many of the political demands of

the 68ers have failed. Still, their cultural strategies have successfully infiltrated society. Not the least because of this legacy, the architects represented here are convinced that every cultural expression in the pre-political field accomplishes more than direct political battle.

Most of them concentrate on individual projects, bringing the diversity of themes and influences into focus, at the same honing and practicing in exemplary fashion the attitude of openness which characterizes society. To some degree programmatically, they treat their own offices like laboratories, where each project can be worked out without dogma, as an interface and model case for typical contemporary themes. Whether it is a question of changing forms in residence and work, or of the influence of new information and communications technologies on building: those organizational and infrastructural circumstances that are present in every project, and which call for flexibility, cannot be solved only spatially, but are often productive for the style of organization operating in the firm itself. In this respect, the other "classical" questions concerning architectural form, the media, urban planning, theory, the training process, or ecology are answered "strategically". No one is explicitly anti-form, but "form must emerge logically from the given task, from internal organization" (Armand Grüntuch). Urban planning – above all the formalistic master-plan which has returned via Postmodern theories – is regarded by many as professional presumption. Still, many voice sympathy for individual interventions that have already altered the urban context: "When I park my car in town, I 'furnish' the urban space, if I move to the country, I make my contribution on the periphery, when I hang standard curtains or blinds, I change the facade." (Anton Markus Pasing) "The way cities come into existence always escapes the visual." (Gerhard Kalhöfer, Stefan Korschildgen) No one dared to say, however, that any preoccupation with the city and with its genesis is entirely obsolete. Only Dagmar Richter and Ilse and Ulrich Königs attempt new experimental strategies in urban planning. Both firms have great affinities with American debates, where theory has a strong influence. This allows them to grasp larger contexts in design terms.

Theory, regardless of whether its source is philosophy, art, mathematics, or architecture, is employed by most of them as "soft" material, just as all other aspects of design and building. Wolfram Popp regards conceptual distinctions between theory and practice as dangerous, because through them emerge "premature categorizations and mental inhibitions". Ecology is accepted as the sole overarching thematic, but experience has taught them that individual "green" solutions such as the installation of solar cells in single-family homes are pointless when seen within the total context of urban/suburban sprawl. Therefore, no one wants to be a standard-bearer. Instead, various ideas flow into the great "creative bubble" (André Poitiers), meaning, into project and office, becoming conscious only in the course of the design's refinement. Architectural practices like b&k+ and [kunst und technik]ev have made this collective unconscious into a program, in the sense of incorporating the most diverse individuals from various disciplines into projects as equals from the start. Since there can be no question of free art, but of a commercial product, a goal must be formulated. To this extent, it is no question of reviving Surrealist methods like the "cadavre exquis", or "écriture automatique". Decisive is the strategic steering, leaving much open, but without relinquishing control.

This navigation between diverse positions within a formless structure appears to be rooted in the training process. Aside from periods spent abroad, no one in our group is familiar with the elite university and the classical master-pupil relationship. All passed through the mass university. Still, not only a few of them – mainly those trained at Aachen, Darmstadt or Stuttgart – regard the German academies as better than their reputation. Even their climate of anonymity allow those with ideas to do the most unusual things. Matthias Loebermann goes a step further, observing that the intellectual laziness reigning in German architecture departments, leading to a "solid architecture without esprit", at least protects against epigonism: "Nothing is worse than a bad Koolhaas." The absence of great teachers from the preceding generations leaves them room to breathe. But none would forego gathering experience abroad. To be able to switch between two contrasting positions is viewed by most of them as optimal.

"Double Strategy" refers then to the first of three groups presented in this volume. Together with "Network" and "Solo", it characterizes one of three strategic solutions that could be interpreted as representative answers given by the younger generation to contemporary circumstances. The conceptions chosen are intentionally of a general nature, since this book is a snapshot of recent developments; there is no question here of presenting a new theory. They relate first to the organizations of the offices themselves: in the case of "Double Strategy", several partners with medium-sized staff; with "Network", the large collective; and with "Solo", the one-man enterprise. Each term, however, also implies a certain conceptual content.

"The As-Well-As is better than the Either-Or." This declaration by Gerhard Kalhöfer and Stefan Korschildgen, who together with Armand Grüntuch and Almut Grüntuch-Ernst, Ilse and Ulrich Königs, and André Poitiers make up the first group under the category "Double Strategy", opens this book. This sentence manifests a refusal to believe in insoluble contradictions, typical of their generation. The notion that right and left, technology and nature, theory and practice, individuality and standardization, vision and realism oppose one another irreconcilably is refuted with each project. Ulrich Beck calls the representatives of this era – who have learned to pair jeans with jacket, who have grown up with a McDonalds in a historically protected building, and an environmental minister in sport shoes – "the society of the And". Already in 1988, Enzensberger recognized – not without a certain strain of condescension – the capacity of the "history-less" population of the Federal

Republic for a kind of "social combinatorial". Here, a diverse mixture of styles, fashions, and life styles does not spring from any "personal originality", but "within boundaries, manifests an endless variety". But this combinatorial, where it succeeds as the integration of opposing demands in a substantive manner, is nothing less than an emancipatory step.

This combinatorial determines the concept of the second group, "Network", to which belong b&k+, netzwerk-architekten, [kunst und technik][ev] and Dagmar Richter Studio. In this group, the experiences of the new information and communications technologies are employed especially intensively. Within the digital world, everything is immediately encoded, and everything functions as information. Distinctions are made in terms of hard- and software. In relation to a project, the hardware must also have a "soft" or informal structure at its command in order to serve as an interface between numerous participants. By defining precisely a given task's preconditions or design proposals, the relevant nuances are established step by step through dialogue. The solution is specific and is not expected to serve as a model for other projects. What is exemplary is only the process-oriented style of work and thought, for the most part renouncing ideology, frozen definitional frameworks, fetishization of objects, and individual expression.

The final group, "Solo", also see themselves as anti-ideological. But Wolfram Popp, Frank Drewes, Matthias Loebermann and Anton Markus Pasing have no intention of renouncing individual expression. They respond to the complexity and intricacy of social and political themes by retreating to a clear position. Their "interface" in the network of relations is no artificial implant, but consists of one's own person and one's own ideas, against which others have to rub. That this is not a question of a rejectionist cultural strategy is reflected in the entrepreneurial spirit with which each of them pursue their "auto" projects.

"Entrepreneurial", in the meantime, also defines their relations with architectural publishers and journals. Where ideologies collapse, so do ideals. In the Internet era, the professional intellectual has been retired. Technical media and their editorial infrastructures are increasingly used as a platform, and one pays for one's entrance. Despite the tide of architectural publications, this segment of the market remains marginalized, and no one is promised a subsequent commission; yet there is personal satisfaction, along with the professionally made brochure suitable for job applications. Still, unspoken dissatisfaction remains. The relationship between architects and critics has never been so simple, nor so complicated.

KÖNIGS ARCHITEKTEN

Nichts ist so radikal wie die Realität.
Nothing is as radical as reality.

DOPPELS

KALHÖFER KORSCHILDGEN

Das Sowohl-als-auch ist besser als das Entweder-oder.
As-Well-As is better than Either-Or.

*Die 68-er-Generation hatte eindeutige Grenzen, gegen die sie sich auflehnen mußte.
Wir leben heute in einer offeneren Welt.*

GRÜNTUCH / ERNST

*For the generation of '68 there were clear boundaries against which one had to rebel.
Today, we live in a more open world.*

TRATEGIE

*Es gibt ein immer größeres Nebeneinander und Durchdringung von kulturellen Bereichen.
Die Chance der Utopie liegt heute im lokalen Ereignis und in der Popkultur.*

ANDRÉ POITIERS

*There is an ever greater degree of coexistence and interpenetration of cultural areas.
Today, the possibility of utopia is harbored within local events and in popular culture.*

KALHÖFER KORSCHILDGEN

Aachen | Köln

Gerhard Kalhöfer und Stefan Korschildgen kennen sich seit dem Studium und haben seit 1995 zusammen ein Büro in Aachen, das demnächst nach Köln umzieht. Eine Drei-Zimmer-Altbauwohnung reicht zur Zeit für ihre Projekte aus, da beide die Arbeit an der Hochschule als Korrelativ zur Büroarbeit noch intensiv nutzen. Tatsächlich wird die Erfahrung der Massenuniversität von ihnen nicht ausschließlich negativ beschrieben, auch wenn sie konstatieren, daß die meisten Studenten sich kritiklos durchschleusen lassen. Für die, die Ideen haben, kann aber ihrer Meinung nach die inhaltliche Indifferenz einer Universität Testfeld für neue Ideen sein. Dennoch ist es offenkundig, daß auch Kalhöfer und Korschildgen entscheidende Impulse aus dem Ausland erhalten haben. Insbesondere der intensive Kontakt mit Frankreich, wo sie auch ihr erstes Projekt realisiert haben, ist für sie Anlaß zum Vergleich. Einer a-kulturellen politischen Szene in Deutschland stellen sie die vitale französische Kulturpolitik gegenüber, die obendrein jüngere Architekten und Architektinnen fördert. In Frankreich beobachten sie zudem eine größere Offenheit für Architektur, die spielerische, manchmal sogar absurde Elemente aufnimmt.

Diese Elemente sind für Kalhöfer und Korschildgen Ausdruck einer Gesellschaft, die sich in partikuläre Interessen gespalten hat und in der es perfekte oder rationalistisch-standardisierte Lösungen nicht mehr geben kann. „Optionale" statt optimale Architektur ist Kalhöfers und Korschildgens Credo: Das Sowohl-als-auch ist besser als das Entweder-oder. Die Nutzer sind ihrer Meinung nach emanzipierter geworden, individueller in ihren Entscheidungen und zugleich flexibler. Deshalb spielt für das Büro das räumliche und funktionale Konzept die primäre Rolle. Konstruktion, Material und sowieso die Form sind nachgeordnet. Sprachlich und in Piktogrammen arbeiten sie an der Präzisierung des Konzeptes, damit im Vorfeld der Planung und später im Bauprozeß keine der ursprünglichen Ideen zerrieben wird.

Da Kalhöfer und Korschildgens realisierte Projekte bisher klein sind, mag man sich über diese Einstellung wundern. Doch ein komplexes Programm hat nichts mit Maßstab zu tun. Bei dem Entwurf für die fahrbare Küche („Do it yourself") standen sie beispielsweise vor dem Problem, daß sich die Hauseigentümerin etwa alle zwei Wochen über die Plazierung der Küche umentschied: klein und versteckt oder dominant im Raum, zum Garten hin oder vielleicht doch zur Straße, damit sie ihre Kinder sehen kann? Die Architekten merkten, daß die Unentschiedenheit der Bauherrin der Wunsch nach einer Vielzahl von Freiräumen ist, und daß es deshalb ihre Aufgabe ist, diesen Wunsch nicht nur zu respektieren, sondern einen Entwurf dafür zu schneidern, „quasi ihr Psychogramm zu entwerfen", wie Kalhöfer und Korschildgen es ausdrücken. Abhängig vom Lebenswandel wird die Küche im Raum verschoben, ohne viel Aufwand, denn Wandelbarkeit muß für sie „an den Komfort gekoppelt sein". Dabei verweisen sie auf Gegenstände des modernen Alltags, wo diese Idee schon längst selbstverständlich ist, während in der Architektur schwerfällig an statischen und formalen Lösungen festgehalten wird.

Kalhöfer und Korschildgen sind nicht nur auf kleine Projekte abonniert. Doch sind sie wie viele aus der Nachfolgegeneration der Postmoderne von einem tiefen Mißtrauen gegenüber deren formalen Städtebautheorien geprägt, die nicht nur in Berlin ihrer Meinung nach im Vulgären enden. Daß, wer ein Haus entwerfen kann, auch fähig sei, eine Stadt zu entwerfen, halten sie für ein Mißverständnis, denn das würde bedeuten, „Stadt nur räumlich zu sehen". Wie Städte tatsächlich entstehen, entzieht sich ihrer Meinung nach dem Visuellen; deshalb vertreten sie keine spezifische Städtebautheorie und haben auch keine strategischen Modelle der Planung entwickelt. Ihre „optionale Architektur" kann sowieso vieles gleichzeitig.

Gerhard Kalhöfer and Stefan Korschildgen have been acquainted since their student days, sharing an office in Aachen since 1995, which will move to Cologne soon. At present, a three-room apartment in an old building suffices for their projects, since both of them integrate their academic teaching activities intensively with work for the firm. Moreover, they do not describe their experiences in the mass university in exclusively negative terms, even while asserting that most students allow themselves to be led along uncritically. For those with ideas, in their opinion, even the content-less indifference of the university can become a testing ground for something new. Still, it is apparent that Kalhöfer and Korschildgen have also received decisive impulses from abroad. In particular, intensive contacts with France, where they realized their first project, have afforded them opportunities to make comparisons. Next to Germany's a-cultural political scene, they place France's vital cultural politics, which promote younger architects above all. They have also observed a greater architectural openness there, incorporating playful, or even absurdist elements.

For Kalhöfer and Korschildgen, such elements are expressions of a society which has split up into particularized interests, one for which there are no longer perfect or rationalistic-standardized solutions. "Optional" instead of optimal architecture is their credo: the As-Well-As is better than the Either-Or. In their view, users of architecture have become emancipated, more individualized in their decisions, more flexible. Therefore, conceptions of space and functionality play a primary role in this firm: questions of construction and materials, along with form, are subordinate. They define their conceptions precisely through language and pictographs, so that during the planning stages, and later during the building process, their original ideas are not diminished.

Since Kalhöfer's and Korschildgens's realized projects to date have been small ones, one may wonder at such an orientation. But the complexity of a design program has nothing to do with scale. With their plan for a movable ("do it yourself") kitchen, for example, they began by facing the problem that the client changed her mind every two weeks about the placement of the kitchen: small and concealed, or dominant and in the open; oriented towards the garden, or perhaps facing the street, where she could see her children playing? The architects observed that the owner's indecisiveness was an expression of the desire for a flexible space, and that it was therefore their task to not only respect this desire, but to fashion a design corresponding to it, to "more-or-less draft the client's psychogram", as Kalhöfer and Korschildgen put it. Depending upon her life changes, the kitchen may be shifted spatially at little expense: for this client, variability must "be coupled with comfort". They make reference in this context to the objects and facts of contemporary everyday life, where such ideas have long since been self-evident, even if architecture remains hidebound to unwieldy static and formal solutions.

Kalhöfer and Korschildgen are not committed to executing smaller projects exclusively. Still, like many members of the successor generation to Postmodernism, they have been stamped with a profound distrust of formalistic urban-planning theories, resulting, in their view, in vulgarity, and not only in Berlin. The principle that whoever is capable of designing a house must also be able to design a city, is for them a misunderstanding, since this would mean "seeing a city in exclusively spatial terms". The manner in which cities come into being escapes, in their opinion, any purely visual dimension. Therefore, they decline to represent any specific theory of urbanism and haven't developed a strategic planning model. Their "optional architecture" can be many things at once.

Fahrt ins Grüne
A Trip to the Country

Olper Höhe

Mitarbeit |
Collaboration:
Andreas Hack

Eigentlich sollte für das typische bergische Fachwerk-haus nur ein zusätzliches Arbeitszimmer für dessen Bewohner geschaffen werden. Doch die Situation war komplexer. Zum einen gab es vom Wohngeschoß kei-nen unmittelbaren Zugang zum Garten, zum anderen blockierte die Mieterin im Obergeschoß die „normale" Erweiterung der Wohnung. Daraus entwickelten die Architekten ein Konzept, das unterschiedlichen Anfor-derungen genügen kann. Es sollte dazu dienen, Haus und Garten stärker miteinander zu verknüpfen und sollte zugleich Arbeitszimmer und Sommerterrasse sein. Außerdem mußte es rückbaubar bzw. zum Ge-wächshaus umbaubar sein, falls die Mieterin im Ober-geschoß auszieht und zusätzlicher Nutzraum frei wird.

Die Lösung ergibt sich durch einen verschiebbaren Anbau auf der Gartenseite, der sich seiner Umgebung und deren Bedingungen formal, funktional und ökono-misch völlig anpaßt und gerade dadurch seine Eigen-ständigkeit als moderner Zusatz behauptet. Sein cha-mäleonartiger Charakter wird zudem durch die Wahl des Oberflächenmaterials unterstrichen. Hinterlüftete transparente Hart-PVC-Welltafeln vor einer kostengün-stigen Holzständerwerkkonstruktion mit Dämmung, auf der ein mit Aluminiumfäden durchwirktes Nylon-netz gegen Überhitzung aufgeklebt ist, sorgen für reflexionsbedingte Veränderung der Farben und Schat-tenwürfe der Fassaden. Das Zimmer der sich ständig verändernden Zustände ist wie ein „kleiner Urlaub".

Actually, only an extra study was to have been built for the resident of this half-timbered house, typical for the Bergisches Land region. But the situation was a bit more complicated. For one thing, there was no direct access from the living quarters to the garden, and for another, the tenant in the upper story blocked the "normal" extension of the apartment. From these conditions, the architects developed a conception satisfying several requirements. The planned extension connects house and garden more satisfactorily, while also serving as both workroom and summer terrace. Additionally, it is easily dis-mantled or convertible into a greenhouse, should the tenant vacate the upper story, freeing up additional space. This solution produced a modifiable annex on the garden-side, well-adapted to its environment and circumstances in formal, functional, and economic terms, at the same time asserting itself as a modern addition by virtue of its autonomy. Its chameleon-like character is also emphasized by the selection of surfacing materials. Rear-ventilated, transparent, hard corrugated PVC panels in front of a moderate-cost insulated wooden post-and-beam construction (with its affixed nylon-net woven with aluminum threads to counteract over-heating) provide for reflection-determined variations of color and shadow on the facades. This room of ever changing condi-tions is like a "little vacation".

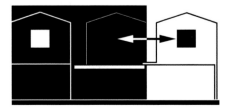

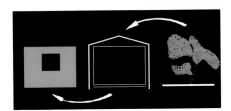

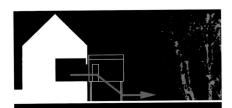

Drei Überlegungen bestimmen das Konzept: Unterschiedliche Nutzung im Sommer und im Winter; problemloser Umbau z.B. zum Gewächshaus und Veränderung der äußeren Erscheinung; stärkere Vernetzung der Wohnung mit dem Garten.

Three considerations conditioned the concept: varied use in summer and in winter; easy reconstruction (for example, as a greenhouse) and transformations of the external appearance, and a more pronounced connection between house and garden.

Innen ist der Anbau mit Sperrholztafeln verkleidet.

Within, the annex has been clad with plywood paneling.

Das mit Aluminiumfäden durchwirkte Nylonnetz, das die Überhitzung des Zwischenraums verhindert, stammt aus holländischen Gewächshäusern.

The nylon net, interwoven with aluminum threads, prevents over-heating of internal spaces; its use originated in Dutch green-houses.

Die benötigte Haustechnik (ISDN, Antenne, Strom) ist im Zwischenraum zwischen opaker Innen- und transparenter Außenhülle von außen sichtbar verlegt.

The necessary domestic technology (ISDN, antenna, power) is housed in an inner space between opaque inner and transparent outer layers, and is visible from the exterior.

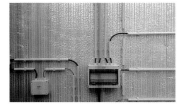

Industrie-Schwerlastrollen ermöglichen
das Verschieben per Hand. Die Rollen
werden in U-Schienen parallel geführt
und dort an Haltepunkten arretiert.

**Heavy-duty industrial pulleys make shift-
ing by hand possible. The pullies run on
U-shaped parallel tracks and are halted
at the point of destination.**

Do it Yourself

Aachen

„Projekt zur Bauherrenemanzipation" nennen Kalhöfer und Korschildgen ihr Nutzungskonzept für ein Reihenhaus einer ehemaligen Genossenschaftssiedlung aus den zwanziger Jahren, das sie für dessen neue Besitzerin entwickelt und entworfen haben. Zugleich präsentieren sie auf dem Umschlag ihrer Erläuterungsmappe – nicht ganz ohne Selbstironie – eines jener unbeschwerten Wirtschaftswunderphotos, auf denen man ein strahlendes junges Ehepaar sieht, das mit der Einrichtung einer supermodernen Einbauküche am Modell beschäftigt ist; die Abbildung ist unterschrieben mit: „Diese jungen Leute planen schon". Doch anders als in den Fünfzigern geht es heute nicht mehr um eine kausale Kette, die mit der Durchrationalisierung der technischen und funktionalen Abläufe beginnt, daraufhin sämtliche Bauelemente standardisiert und vorfertigt, um sie anschließend an Ort und Stelle unverrückbar zu fixieren. Weil die Lebensweisen individuell verschieden und wandelbar sind, können sie nicht allgemein rationalisiert werden. Kalhöfer und Korschildgen plädieren für eine Architektur, die verschiedene Optionen offenläßt, ohne gesichtslos zu sein. Deshalb nehmen sie sich ausgerechnet die Küche als konzeptionellen Kern ihres Entwurfes vor, also jenen Bereich, der wie kein anderer Raumdispositionen und technische Einrichtungen vorgibt und zum statischsten Teil der Wohnung geworden ist. Das ganze Erdgeschoß wird von ihnen als offene und universelle Wohnfläche definiert, mit Orientierungen zur Straße, zum Garten und zu anderen Räumen. Mobile Küchenelemente können an verschiedenen Stellen auf dieser Fläche „geparkt" werden und auf diese Weise unterschiedliche Aufteilungen zulassen, die abhängig von Situation oder Lebenswandel gewünscht sind. Drei Installationsboxen, mit farbiger und durchsichtiger Plastikfolie verkleidet, erlauben die schnelle und problemlose Installation der verschiedenen Geräte der „Werkküche" an Strom, Wasser und Gas an verschiedenen Standorten.

"Project for the emancipation of the owner" is the name chosen by Kalhöfer and Korschildgen for their concept for a row-house within a former cooperative housing settlement from the 20s, which they have developed and drafted for its new owner. On the cover of their explanatory portfolio for the project they presented – not entirely without self-irony – one of those carefree photos of the German "economic miracle", which depicts a radiant young married couple who are occupied with a model for the installation of a super-modern kitchen; the picture bears the caption: "these young people are already planning". But unlike the 50s, it is no longer a question of a causal chain, beginning with the thorough rationalization of technical and functional processes, whereby all construction elements are standardized and pre-fabricated, only to be finally irrevocably fixed upon their site and location. Because each individual way of life is variable and alterable, it cannot be rationalized in a generalizing manner. Kalhöfer and Korschildgen advocate an architecture which remains open to different options, yet without becoming faceless. With this in mind, they have taken specifically the kitchen as the conceptual core of their plan, that is to say, the realm with the most givens in terms of spatial arrangement and technical facilities, one which has become a static area of the home. They define the entire ground floor as an open, all-purpose living area, with orientations to street, garden and adjacent rooms. Mobile kitchen elements may be "parked" at a variety of locations within this area, permitting many differing divisions that might be desirable, depending upon the situation or on changing life circumstance. Three installation boxes, lined with translucent colored plastic foil, allow rapid and easy installation of various appliances and connections to power, water and gas at a variety of points.

Die Anschlüsse für Warmwasser, Kaltwasser und Abwasser sind Schnellverschlüsse, die aus dem Katalog einer Sanitärfirma stammen.

The connections for hot and cold water and for waste water are instant hookups taken from the catalogue of a sanitation firm.

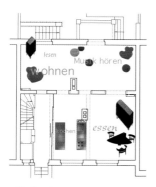

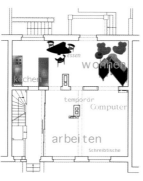

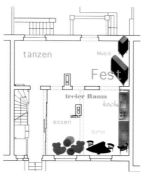

Abhängig von Situation und Lebenswandel können durch Verschieben der Küche völlig andere Raumwirkungen und Nutzungen entstehen.

Depending upon the situation or on lifestyle changes, completely different spatial effects and uses are obtainable by shifting the arrangement of the kitchen.

Die klassische Lösung
Classical solution

Die Funktionserweiterung
Functional extension

Der besondere Anlaß
Special occasion

Das Ab- und Aufstecken der verschiedenen Anschlüsse dauert nur einige Minuten

Plugging into and disconnecting from the various hookups takes only a few minutes

Die fahrbare Küche kann auf jede beliebige Art eingerichtet werden; sie besteht aus zwei Elementen: „Werkküche" und „Arbeitsplatte". Die „Werkküche" enthält sämtliche Geräte mit technischen Anschlüssen, die „Arbeitsplatte" Schränke.

The mobile kitchen can be set up as desired; it consists of two elements: "work-kitchen" and "work-table". The "work-kitchen" contains all appliances with their respective connections, the "work-table" contains cabinets.

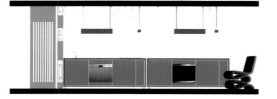

Optionen-Wohnprojekte
Options - Residential Projects

Mitarbeit |
Collaboration:
Sigrid Weiss

Kalhöfer und Korschildgen entwickeln auch jenseits konkreter Aufträge prototypische Lösungen für neue Wohnformen. Entsprechend ihrer Losung „Sowohl-als-auch" – in der modernen Kultur durch Phänomene wie Zapping, G-Shoc-Uhren oder Filme wie z.B. „Smoking-No Smoking" bereits vergegenwärtigt – stellen sie drei Wohntypen für den Geschoßwohnungsbau vor, die sich durch Wandelbarkeit auszeichnen. Sie reagieren flexibel auf veränderte Nutzungsanforderungen, verursacht durch neue Lebenssituationen, auf jahreszeit- und wetterbedingte Nutzungen und auf Stimmungsschwankungen der Nutzer. Der Typus „Zweiteiler" besteht aus zwei Zonen mit festgelegten Nutzungen und einer Zwischenzone, die durch verschiebbare Wände variable Größen annehmen kann, so daß verschiedene Lebensformen wie Wohnen und Arbeiten, Wohngemeinschaften oder Familien den Grundriß spezifisch nutzen können. Der „Expandertyp" hat faltbare Außenwände aus Glas. Im Winter falten sie sich zusammen und bilden als zweischichtige Fassade genügend Wärmeschutz. An wärmeren oder heißen Tagen können die Fensterflügel teilweise oder ganz aufgefaltet sein, wodurch völlig andere Raumzuschnitte und -wirkungen entstehen. Der Typus „Drehscheibe" hingegen gibt keinem Raum eine festgelegte Funktion. Er besteht aus vier Bereichen und einem Drehkern in der Mitte, in dem die technischen Einrichtungen und Servicebereiche untergebracht sind. Durch Drehen dieses Kerns können unterschiedliche Raumsituationen und -stimmungen geschaffen werden. In jedem Raum kann gebadet werden, jeder Raum verfügt, wenn nötig, über eine Küche oder hat alle Eigenschaften eines Schlafzimmers – kein Raum hat eine festgelegte Funktion.

Even without a concrete commission, Kalhöfer and Korschildgen develop prototypical solutions for new forms of dwelling. In keeping with their motto "as-well-as" (already present in modern cultural life through such phenomena as "zapping", G-shoc watches, or films like "Smoking-No Smoking"), they have conceived three dwelling types for the multi-story apartment building which are distinguished by their variability. Each is capable of responding with flexibility to the variety of requirements and uses arising through new life situations, as well as to seasonal and weather-conditioned uses, and to the changing moods of residents. The "two-part" type consists of two zones with fixed uses and an intermediate zone which is variable in size through movable walls, its plan accommodating differing forms of use: residence or work, collective or family living. The "expander type" has collapsible outer walls of glass. In winter, they fold together to form a two-layered facade for adequate warmth. On warmer or on hot days, the window casements may be either partly or completely unfolded, resulting in very different spatial patterns and effects. Conversely, the type "turntable" accords no single room a fixed function. It consists of four areas with a revolving core at the center, in which are housed technical equipment and a service area. By rotating this core, differing spatial situations and moods can be created. Bathing is possible in every room, and each room has, when necessary, kitchen facilities, but also all of the characteristics of a bedroom – no room has a fixed function.

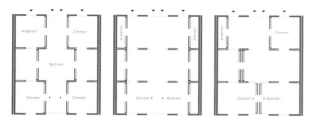

Grundrisse „Zweiteilertyp".
Die Zwischenzone kann Ortraum oder Wegraum sein. Über eine Laubengangerschließung hat jeder Teil voneinander unabhängige Eingänge.

Floor plans "two-part type".
The intermediate zone can be used for either dwelling or circulation. Each part has an independent entryway through an access gallery.

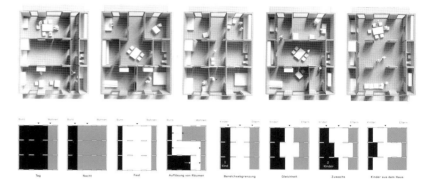

Die Wohnung reagiert wie ein Organismus auf unterschiedliche Lebenssituationen.

The apartment reacts like an organism to various life-situations.

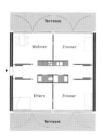 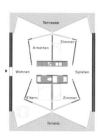 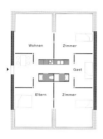

Grundrisse „Expandertyp".
Ein Flügelmechanismus läßt beide Scheibenebenen der Fassade unabhängig voneinander bewegen. Zugleich ermöglicht ein inneres Faltwandsystem variable Raumzuschnitte.

Floor plans "expander type".
A winged-mechanism permits independent movement of both facade layers. At the same time, an interior folding wall system allows for variable spatial organization.

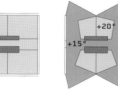

Im Winter sind die Glasscheiben zusammengefaltet, die Oberfläche wird reduziert, in den Übergangszeiten sind Zwischentemperaturzonen möglich, und im Sommer reicht eine einschichtige Haut, die Wohnung weitet sich aus.

In winter, the glass layers are folded together, reducing its exterior surface. In the spring and fall season, intermediate temperature zones are possible, and in summer, when a single transparent "skin" is sufficient, the apartment is fully expanded.

„Drehscheibentyp".
Vier Räume, die sich in Ausstattung und Materialien unterscheiden, und eine drehbare Wandscheibe, die den Servicebereich enthält, ermöglichen einen beliebigen Austausch von Nutzungen und Atmosphären.

The type "turntable".
Four rooms with differing furnishings and materials, and a rotating wall section, containing the service area, make changes in utilization and atmosphere readily possible.

  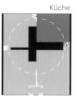

Der Gebrauch der Räume kann wahlweise unterschiedlichen Stimmungen ausgesetzt sein: nach Tagesablauf, Außenorientierung zum Eingang oder zur Terrasse, subjektiver Stimmung, Sonnenstand etc.

Use of the rooms may be altered at will to conform to differing moods, times of day, for orientation toward the entry or to the terrace, position of the sun, etc.

GRÜNTUCH / ERNST

Berlin

Über hundert Projekte hat das Berliner Büro Grüntuch / Ernst nach noch nicht einmal zehnjähriger Existenz vorzuweisen. Nur etwa ein Drittel davon sind kleine Umbauten, Laden- und Wohnungseinrichtungen, der große Rest Bürogebäude, Hochhäuser, Brücken, Schulen, spektakuläre Wettbewerbe. Die Qualität in Konzeption und Darstellung ist gleichbleibend überdurchschnittlich, das Fehlen sprunghafter thematischer Entwicklung muß man dem Phänomen zuschreiben, daß das Büro seit seiner Gründung 1991 auf hohem professionellen Niveau gehalten wird, und das, obwohl von den vielen Projekten nur wenig realisiert wurde. Nach dem euphorischen Bürostart mußte eine langjährige Durststrecke überwunden werden, die erst 1999 – mit dem Beginn von vier großen Baustellen – beendet wurde. Wie viele andere junge Büros erhofften sich Armand Grüntuch und Almut Ernst nach dem Mauerfall in der wiedervereinigten Stadt die meisten Chancen. In Anlehnung an die professionell geführten britischen Büros, bei denen beide gearbeitet haben, starteten sie mit der neuesten Hard- und Software. Tatsächlich ließ sich das Büro mit gewonnenen Wettbewerben und in Aussicht gestellten Aufträgen in den ersten zwei Jahren gut an. Doch die Berliner Städtebau- und Architekturpolitik bezog die jüngere Generation bei den spektakulären Wettbewerben weder theoretisch noch praktisch ein, und nicht wenige private Auftraggeber, die sich nach neuen Ideen umsahen, waren von deren revisionistischen Linie verunsichert, so daß Aufträge entweder auf Eis gelegt oder sogar ganz aufgegeben wurden.

Grüntuch / Ernst haben sich in ihrer konzeptionellen Linie nicht beirren lassen. Weil in der entstehenden Dienstleistungsgesellschaft alte Grenzen und Widersprüche aufbrechen, sind neue Synthesen und Kooperationen möglich, die nach Lösungen vor allem der Kommunikationsstrukturen verlangen. Grüntuch / Ernst beschäftigen sich deshalb vor den räumlichen mit den logistischen und technischen Fragestellungen, und das nicht nur beim Bürobau. Denn der ganze infrastrukturelle Bereich eines Hauses ist mit dem der Stadt verknüpft. Das fängt schon mit der nur scheinbar simplen Erkenntnis an, daß gewöhnlich die Art der Autozufahrt und die Dimensionierung der Parkplätze eine jede Gebäudestruktur bestimmt, und zwar vor allem dort, wo man sich nicht schon in der Entwurfsphase mit diesen „unsichtbaren" Strukturen beschäftigt hat.

Städtebau muß nach Auffassung von Grüntuch / Ernst umfassender sein. Dazu gehört auch die Ökologie, jedoch als selbstverständliche Grundleistung und nicht als ideologisches Dogma oder nutzlose Applikation. Dennoch liegen die Lösungen für energiesparendes Bauen nicht einfach auf der Hand. Grüntuch / Ernst bevorzugen solche Verfahren, bei denen die komplexen haustechnischen Anforderungen im Vorfeld gelöst worden sind, so daß ihre Funktionsweise und Anwendung einfach bleibt. Statt vorgeblich vorindustrieller oder überanstrengt technoider Ästhetik ist die Technik konzeptionell involviert und zugleich nicht mehr sichtbar.

Dabei wird klar, daß die traditionelle Auffassung vom Architekten als Chefplaner, der die beteiligten Spezialisten dirigiert, hinfällig wird. Für eine integrierende Planung, wie sie von Grüntuch / Ernst angestrebt wird, müssen die verschiedenen Ingenieure, Kostenplaner oder Künstler schon in der Entwurfsphase einbezogen werden. Dazu kommt noch das mittlerweile verwirrende Geflecht von Investoren, Bauherren, Projektleitern, Developern und Betreibern, mit denen man auf der Auftraggeberseite zu tun hat. Außerdem drängt zunehmend von anderer Seite Konkurrenz auf den Markt. Medienagenturen – zumeist ein Konglomerat aus Designern, Künstlern, Architekten, Werbefachleuten – erhalten unter der Berufsbezeichnung „Szenograph" Direktaufträge für Erlebniswelten von Firmen, deren Ausführung einem Architekturbüro als Subunternehmen obliegt. Weil diese Entwicklungen frustrierend und chancenreich zugleich sind, haben Grüntuch / Ernst unter gleicher Adresse ein zweites Büro gegründet, das „Archevent" heißt und das zusammen mit einer Filmregisseurin Inszenierungen für die EXPO 2000 Hannover konzipierte. Die Aufträge, die das Büro bekommt – Ausstellungsinszenierungen, Erlebniswelten – dienen als reales Labor für interdisziplinäre Zusammenarbeit und der Erforschung der neuen Form der „event architecture".

After less than 10 years in operation, the Berlin firm Grüntuch / Ernst has produced over one hundred projects. Only about a third of these are smaller renovations or shop and residence interiors: the remainder are office buildings, high-rises, bridges, schools and impressive competition entries. Their quality, both in conception and in presentation, has remained well above average, and the absence of marked development or of a distinctive thematic progression must be attributed to the fact that the office has maintained such high professional standards while producing one project after another.

A success story? Far from it. Of their many projects, only a few were realized. After a euphoric beginning, they had to survive a long transitional phase which ended only in 1999, when they began construction at four large building sites. After the fall of the Berlin wall, Armand Grüntuch and Almut Ernst placed their hopes, like so many younger firms, on the opportunities to be provided by the reunited city. Following the professionalism they found in many firms in England, where both of them had worked, they began with the latest hard and software. In fact, the office made a good start during their initial two years, with competition awards and promised commissions. But Berlin's urban-planning and architectural politics did not give the younger generation an even chance with the large competitions, neither theoretically nor practically. Many private clients interested in new ideas felt discouraged by these revisionist politics so that commissions were either put on ice or canceled completely.

Grüntuch / Ernst have stood firm by their conceptual orientation. Because of the fact that in the new service society, old boundaries and contradictions are being dissolved, new syntheses and forms of cooperation have become possible, demanding new solutions, above all regarding structures of communication. Grüntuch / Ernst are occupied therefore more with logistical and technical problems than with spatial ones, and not only in office construction. For the entire infrastructural zone of a building is linked to the town. This begins with the apparently obvious acknowledgment that typically the driveway and the dimensionalizing of parking places condition the structure of every building, above all where such "invisible" structures weren't explicitly taken into consideration during the design phase.

Urban planning, contend Grüntuch / Ernst, must be more comprehensive. Here also belong ecological considerations, but as a self-evident and fundamental element, not as ideological dogma or superfluous application. Still, solutions for energy-conserving building are not ready to hand. Grüntuch / Ernst favor those procedures by which the complex technical requirements are dealt with beforehand, so that their employment and functioning remain simple. In place of either a false pre-industrial or an overstrained technological aesthetic, technology becomes conceptually involved, but at the same time no longer visible.

Clearly, the traditional notion of the architect as chief planner directing participating specialists is no longer valid. For an integrated planning process, as striven for by Grüntuch / Ernst, the relevant engineers, cost-controllers and artists must be incorporated in the early planning stages. On the commissioning side, in the meantime, there is also the bewildering web of investors, clients, project directors, developers and managers who must be dealt with, and who likewise place the received image of the professional architect in question. On the other side, there is the increasing pressure of market competition. Media agents – most of them conglomerates of designers, artists, architects, and advertising specialists – receive comissions directly from firms under the professional title "Scenographer", with execution then falling to an architectural sub-contractor. Because such developments are both frustrating as well as rich in new opportunities, Grüntuch / Ernst have founded a second office under the name "Archevent" which, together with a film director, conceived installations for EXPO 2000 in Hannover. The commissions received by this office – exhibition installation, environments – enable it to serve as a concrete laboratory for interdisciplinary collective work, and to explore a new form of "event architecture".

Schule für Geistigbehinderte
School for the Mentally Retarded

Berlin

Mitarbeit |
Collaboration:
Florian Fels
Olaf Menk
Heinz Jirout
Richard Owers

Statik | Structural
engineering:
Christopher
McCarthy, London;
CBF-IPRO, Berlin

Haustechnik |
Mechanical engi-
neering:
Guy Battle, London;
HL-Technik, Berlin

Gartenarchitekten |
Landscaping:
Krüger/Möhrle,
Berlin

Kostenplanung |
Quantity surveyor:
Nanna Fütterer,
Berlin

Inmitten der Plattenbausiedlung Hellersdorf entsteht nach einem gewonnenen Wettbewerb, der bereits 1993 stattfand, ein Schulgebäude, das sich seiner Umgebung weder anpaßt noch wie ein Fremdkörper implantiert wird. Zwar bestimmen Klarheit und Rationalität das Konzept, doch nicht als universales Prinzip, das zu standardisierten Bauteilen führt. Rationalität drückt sich hier als Verständnis und Lösung einer spezifischen Aufgabe aus, bei der es vor allem darum geht, leichte räumliche Orientierung im Innern wie in Beziehung zu dem Garten herzustellen und für natürliche Belichtung und Belüftung zu sorgen, die zudem energiesparend sind.

Der kompakte Baukörper erlaubt kurze Wege und eine klare Gliederung nach „Klassenhäusern", die alle nach Süden orientiert sind und so wie die Sporträume in dem Baukörper gegenüber unmittelbaren Zugang zum Garten in der Mitte haben. In den Obergeschossen haben die Klassenräume große Dachterrassen mit Pflanzbeeten. Für die nach oben terrassiert angelegten Klassenhäuser ist ein Klimanetz und damit ein vorgelagerter Wintergarten vorgesehen. Die geplanten Brüstungselemente mit Absorberflächen dienen der Gewinnung solarer Energie und der Verschattung bei Mittagssonne. Farbige, textile Sonnenschutzelemente bilden kleine geschützte Ecken auf den Terrassen, zudem variieren sie in der Außenansicht auf spielerische Weise das Thema der rationalen Reihung und der individuellen Abweichung.

Following a 1993 competition award, this school is being built in the middle of Hellersdorf, a neighborhood of pre-fabricated residential blocks; it was neither simply adapted to its environment, nor implanted within it like a foreign body. Certainly, clarity and rationality determine it conceptually, but not in terms of a universal principle which leads to standardized building elements. Rationality is expressed here as an understanding of and solution to specific tasks, those mainly concerning the need for fluent spatial orientation, both in the interior, as well as in relation to the garden, and the provision of natural light and ventilation in an energy-efficient manner.

The building's compact volume allows short routes and clear divisions in terms of "classroom houses", all oriented to the south, giving them, like the sport rooms in the volume across the way, immediate access to the garden at the center. The classrooms in the upper story have large roof terraces with plant beds. The classroom houses with staggered upper stories are to have winter gardens which will help to control the climate. Parapet elements with absorbent surfaces shall collect solar energy as well as protect from the midday sun. Colored, textile sun-shields form small, protected corners on the terraces; as part of the external view, they offer playful variations on the theme of rational sequence and individual deviation.

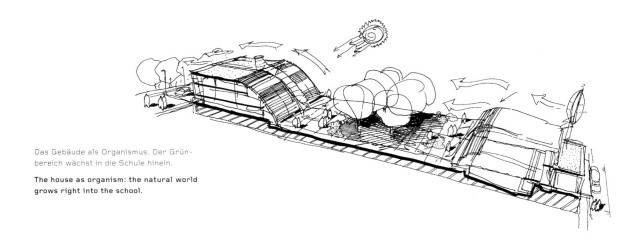

Das Gebäude als Organismus. Der Grünbereich wächst in die Schule hinein.

The house as organism: the natural world grows right into the school.

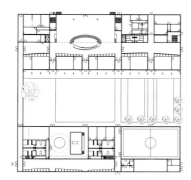

Grundriß Erdgeschoß:
Im nördlichen Gebäudetrakt sind die
Klassenräume und Werkstätten, im südlichen sind die Sporträume mit Schwimmbecken und Gymnastikhalle.

Ground floor plan:
in the northern part of the building
tract, classrooms and workshops, to
the south, sport rooms with swimming
pool and gymnastics hall.

Inmitten der Plattenbausiedlung Hellersdorf wirken die sanft geschwungene
Form des Baukörpers und die bunten
Sonnensegel unverkrampft.

At the center of Hellersdorf, a neighborhood of pre-fabricated residential
blocks, the gently curving form of the
building, with its colorful awning,
makes a relaxed impression.

Bilder der Baustelle im Frühjahr 2000.
Photos of the building site in spring 2000.

Bürogebäude an der Elbe
Office Building on the Elbe

Hamburg-Neumühlen

**Mitarbeit |
Collaboration:**
Kai Hansen
Volker Raatz

**Statik | Structural
engineering:**
Binnewies, Hamburg

**Haustechnik |
Mechanical Engi-
neering:**
Amstein, Walthert,
Zürich ;
Ansorg+Horn,
Berlin

Das zunehmende Wachstum der Stadt Hamburg an den Hafenrand führt an der Großen Elbstraße zu einer Erweiterung der sogenannten Perlenkette am Hafenrand. Nach den städtebaulichen Vorgaben, zu denen noch der Ex-Oberbaudirektor Egbert Kossak den Anstoß gab, folgte ein Wettbewerb für eines der am Ufer aufgereihten Bürogebäude mit einem zum Wasser orientierten Hof. Da somit die geschlossenen Gebäudeseiten der Straße zugewandt sind, ist der prämierte Entwurf von Grüntuch und Ernst so transparent wie möglich, um weiterhin Durchsicht zum Wasser zu ermöglichen. Als Flutschutzmaßnahme im Überschwemmungsgebiet ist das ganze Gebäude aufgeständert; der Hof ist daher keine ebenerdige, unmittelbar zugängliche Grünfläche, die eher dem öffentlichen Raum angehört, sondern eine höher gelegene Plattform, die auf diese Weise das Herz und kommunikative Zentrum des ganzen Gebäudes darstellt. Cafeteria und Konferenzraum können sich in diesen sonnigen Hof ausdehnen. Für Besucher ist der Hof dennoch offen; da sie jedoch über die Straßenseite des Gebäudes kommen, bleibt dem Hof ein intimer Charakter erhalten.

Von einer großen Freitreppe aus, die über ein Wasserbecken führt, gelangen die Besucher auf die Verteilerplattform im Quergebäude. Hier befinden sich sämtliche Erschließungs- und Kommunikationszonen – sie sind zu amorphen Kernen zusammengefaßt – und sämtliche öffentlichen oder gemeinschaftlichen Einrichtungen. Die Büros hingegen befinden sich ausschließlich in den Seitenflügeln. Um die Transparenz nicht durch die konventionelle Lösung eines Zweibünders mit Zellenbüros zu konterkarieren, schlagen Grüntuch und Ernst eine Kombination aus Zellenbüros an der Außenseite und Gruppenbüros an der Hofseite vor. Die daraus entstehende offenere Erschließungszone wird durch flexible Screens gegliedert.

The gradual growth of the city of Hamburg along the periphery of its harbor led to an extension, on Grosse Elbstrasse, of the harbor's so-called "pearl necklace". Following urban-planning preconditions which were initiated by former City Building Surveyor Egbert Kossak, a competition for one of several office buildings on the riverbank was held, with a courtyard oriented towards the water. Since the closed sides of the buildings are oriented toward the street, the prize-winning entry of Grüntuch and Ernst is as transparent as possible, offering views through to the water. As a flood protection measure in vulnerable areas, the entire structure is raised on pilotis; the court is thus not an immediately accessible surface at ground level, belonging to the public space, but instead a raised platform, representing the building's heart and communications center. The cafeteria and conference room may open onto the sunny courtyard, which is open to visitors, yet still retains an intimate character, since entry is from the street.

From a large stairway leading over a pool, the visitor reaches the distribution platform in the transverse hall. All access and communications zones – collected into an amorphous core – are located here, along with public or common facilities. The offices, on the other hand, are located exclusively in the side wings. In order to avoid counteracting transparency by means of the conventional solution of a double row of booth offices, Grüntuch and Ernst have proposed a combination of booth offices on the exterior and collective offices on the courtyard. The open zone thus produced is divided with flexible screens. As in their office building at Hackescher Markt in Berlin, Grüntuch and Ernst employ the so-called "active ceiling" here. All technical services – electricity, ISDN, ventilation, heating – are to be cemented fast to the

Wie bei ihrem Bürogebäude am Hackeschen Markt in Berlin verwenden Grüntuch und Ernst auch bei diesem Gebäude die sogenannte „aktive Decke". Sämtliche haustechnischen Versorgungen – Elektrizität, ISDN, Lüftung, Heizung – werden fest in die Decke einbetoniert. So läßt sich die Deckenmasse zur Kühlung des Gebäudes heranziehen, und es entfallen lästige Deckenaufbauten oder Abhängungen an der Unterseite; eine Lösung, die auf diese Weise ohne Stürze und Brüstungen wie auch ohne manierierten „High-Tech" genau die Transparenz in der Fassade erreichen kann, die die moderne Architektur so lange angestrebt hat.

ceiling. This allows the mass of the ceiling to facilitate cooling of the building, while troublesome ceiling construction for hanging elements on the underside is rendered unnecessary. This solution achieves, without lintels and parapets, and without a mannered "high-tech" look, the very facade transparency modern architecture has always striven for.

Die städtebaulichen Vorgaben sehen fünf U-förmige Gebäude vor, jeweils von verschiedenen Architekten. Bis 2003 sollen alle Projekte abgeschlossen sein.

Urban planning provisions call for five U-form buildings, each by a different architect. All projects are to be completed by 2003.

Anfänglich war die „aktive Decke" nur einseitig (nach unten) abstrahlend konzipiert (die Installationen befinden sich im aufgeständerten Boden), inzwischen wird ihre thermische Masse unten und oben zur Kühlung des Gebäudes genutzt.

Originally, the "active ceiling" was conceived as radiating downwards, on one side only (the installations are located in the raised floor); meanwhile its thermal mass above and below can be used to cool the building.

Modellansicht von der Wasserseite. Größtmögliche Transparenz wirkt der Massigkeit des vorgegebenen Gebäudekörpers entgegen.

Model view from water side. Maximum transparency counteracts the impression of massiveness produced by the building's prescribed dimensions.

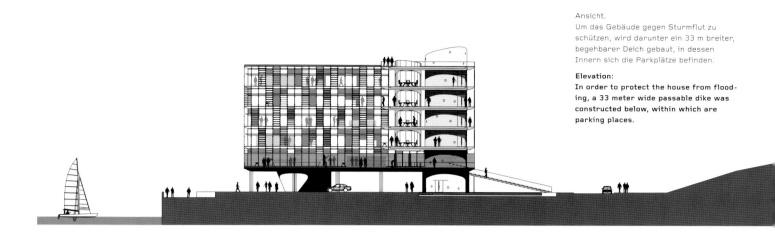

Ansicht.
Um das Gebäude gegen Sturmflut zu
schützen, wird darunter ein 33 m breiter,
begehbarer Deich gebaut, in dessen
Innern sich die Parkplätze befinden.

Elevation:
In order to protect the house from flood-
ing, a 33 meter wide passable dike was
constructed below, within which are
parking places.

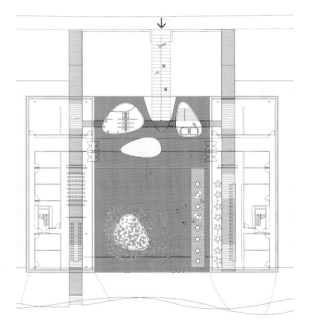

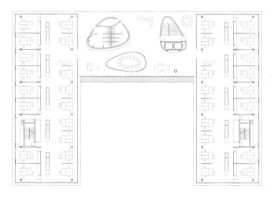

Grundriß 1. OG:
Über eine Freitreppe gelangen Fußgänger auf die Verteilerplattform und in den
Hof, der mit Cafeteria und Konferenzraum gekoppelt werden kann.

First floor plan:
above an open staircase, visitors reach
the distribution platform and the courtyard, which can be linked to the cafeteria and conference room.

Grundriß Normalgeschoß.
Gruppenbüros sind zum Hof hin orientiert; die Transparenz soll die kommunikative Atmosphäre unterstützen.

Typical floor plan:
collective offices are oriented to the
courtyard; transparency facilitates a
communicative atmosphere.

Parasiten am Fernsehturm
Television Tower Parasites

Berlin

Mitte der neunziger Jahre fand sich eine Gruppe junger Architekturbüros aus dem In- und Ausland zu „Berlin und seine Zeit" zusammen, eine Art unregelmäßi-
ger Workshop, in dessen Rahmen alternative Projekte
zur herrschenden Stadtbaupolitik entwickelt werden
sollten. Zu den wenigen, die einen Entwurf erarbeite-
ten und präsentierten, gehörten Grüntuch / Ernst. Ihre
Projektstudie schlägt eine parasitäre Bebauung am
Berliner Fernsehturm vor, die dessen skulpturale Qualität noch steigern soll. In Anlehnung an Archigrams
„plug-in"-Strukturen schlagen sie für den Fernsehturm, der nicht nur durch seine Größe, sondern auch
durch seine ungewöhnliche Lage am Alexanderplatz
eine Art Superzeichen für die ganze Stadt ist, eine
bestimmte Anzahl von „plug-on"-Einheiten am vertikalen Schaft vor. Zwischen diesen Einheiten – einzelne
Zellen für moderne Stadtnomaden – entstehen riesige
Atriumräume für kulturelle Nutzungen. Eine leichte
Stahlkonstruktion soll diese angehängte Bebauung
bzw. den ganzen Turm umhüllen, und diese neue Hülle
des Fernsehturmes soll – ausgestattet mit elektronischen Sensoren – sowohl als Anzeigewand als auch als
Stadtbarometer dienen, das Umweltveränderungen
des Lichts, der Luft und der Feuchtigkeit fortwährend
reflektiert, genauso wie die Stimmungen der Stadt.

In the mid-90s, a group of young architects from
Germany and abroad founded "Berlin and its Time",
a kind of sporadic workshop or framework for the
development of projects representing alternatives to
the reigning urban-planning policies. Grüntuch / Ernst
were among the few to produce and present a design.
Their project-study suggested a parasitic development at Berlin's television tower, intended to enhance
its sculptural quality. Borrowing from Archigram's
"plug-in" structures, they proposed a certain number
of "plug-on" units for the vertical shaft of the tower,
which has functioned as a sort of super-logo for the
entire city, not only because of its size, but also because of its extraordinary location at Alexanderplatz.
Between these units – single cells for modern urban
nomads – would be enormous atrium spaces for cultural purposes. A light steel skin – equipped with
electronic sensors – would cover these hanging structures as well as the tower itself, serving as both advertising surface and city barometer, and reflecting
ongoing environmental changes in light, air, and
moisture, as well as the city's mood.

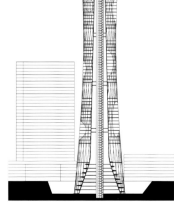

Schnitt. Hinter der netzartigen Um-
mantelung des Fernsehturms befinden
sich die „plug-ons", Wohnungen, Hotels,
Unterkünfte für Stadtnomaden u.a.

**Section: behind the television tower's
web-like encasement are the "plug-
ons", apartments, hotels, accommo-
dations for urban nomads, etc.**

Durch Projektionen auf die Außenwände
wird aus dem „Superzeichen" Berlins die
„Super-Litfaßsäule"; eine Art Stadtbarometer, auf dem man Einwohnerzahl, Veranstaltungen, Temperatur etc. ablesen kann.

By means of projections on its outer surface, Berlin's "super-logo" becomes a
"super advertising column", or city barometer, upon which one reads population
figures, events, temperature, etc.

KÖNIGS ARCHITEKTEN

Köln

Ilse Maria Königs und Ulrich Königs haben ihr gemeinsames Büro seit 1996 in Köln, in der hellen Etage eines ehemaligen Gewerbegebäudes. Beider Werdegang ist von dem Spagat zwischen solider praktischer Ausbildung und großer Offenheit gegenüber theoretischen Fragestellungen geprägt, der sich im konzeptuellen Charakter ihrer Entwürfe widerspiegelt. Nach Studium in Innsbruck bzw. Aachen und Büroerfahrung u.a. bei Joachim Schürmann und Peter Kulka wurden sie zusätzlich von Ideen aus der anglo-amerikanischen Theorie geprägt, die das herkömmliche Verständnis von Architektur überschreiten. Ulrich Königs ging an die Bartlett School of Architecture in London und arbeitete später an der Architectural Association in London mit Jeffrey Kipnis zusammen. 1995 beteiligte er sich als Projektpartner von Peter Kulka an dem Wettbewerb für das Sportstadion Chemnitz, woran auch Ilse Königs mitarbeitete. In das Team holten sie den Ingenieur Cecil Balmond aus dem Büro Ove Arup. Zusammen schlugen sie eine offene Tribünenlandschaft mit freien, fließenden Formen und einer leichten, „informellen" Konstruktion vor. Das Projekt erhielt den ersten Preis und wäre, verwirklicht, sicher eines der avanciertesten Stadien der Gegenwart geworden.

Bei den einen als zu theoretisch, bei den anderen als zu praxisnah verschrien, sehen die Königs ihre Chance in der Fähigkeit, zwischen den Disziplinen und den Beteiligten zu vermitteln. „Judotaktik" nennen sie dieses Konzept. Sich wie ein Läufer im Dickicht bewegen; stets bereit sein, neue Wege zu gehen; das Visionäre nicht in idealen Konstruktionen, sondern in der Wirklichkeit selbst suchen: das ist ihre Methode. Dem Beitrag zum Wettbewerb Wallraf-Richartz-Museum stellen sie ein Lenin-Zitat voran: „Ich weiß nicht, ob ich radikal bin – aber ich kann niemals so radikal sein wie die Realität bereits ist." Das ist nicht nur ironischer Abgesang auf die Vorgängergeneration der '68er, sondern Ilse und Ulrich Königs' Motto. Insofern definieren sie ihre „weiche" Taktik nicht als Ausweichen vor politischen und gesellschaftlichen Fragen, sondern als bewußtes Daraufzusteuern.

Entscheidend ist dabei die Methode, die mit Absicht aus anderen Disziplinen wie z.B. der Biotechnologie, der Medizin, der Computertechnologie etc. für den Entwurfsprozeß adaptiert wird. Kevin Kellys Buch „Out of Control" ist für sie ein Schlüsseltext. Einerseits sind es vor allem die zeitgenössischen Entwicklungen in den Naturwissenschaften, die die klassischen Ordnungsstrukturen in Frage stellen, weil sie auf neue Art und Weise natürliche Prozesse analysieren und generieren. Andererseits ist es gerade das Halbwissen, das nach ihrer Auffassung Architekten in die Lage versetzt, zwischen verschiedenen Interessensgruppen zu vermitteln, was auch die eigenen Interessen, Positionen und Überzeugungen miteinschließt. Rückzug in ein sowieso nur eingebildetes Reich architektonischer Autonomie halten Ilse und Ulrich Königs genauso für ein fundamentales Mißverständnis der Profession wie den Versuch, über Hochschulreformen die Architektenausbildung stärker an die Praxis zu binden, indem man die Studenten mit neuen Lehrstühlen wie Projektmanagement spezialisiert und intellektuell einengt.

Das Adaptieren einer Methode aus anderen Bereichen ist deshalb zugleich praktische und theoretische Forschung, die insbesondere die städtebaulichen Entwürfe als Experimentier- und Testfeld für neue und brauchbare Konzepte und Darstellungmittel untersucht. Während des Stipendiats an der HfG Ulm entstand 1999 die Forschungsarbeit „DIVERCITY© – Strategien zur Entwicklung des Urbanen", die Ilse und Ulrich Königs auf der Biennale 2000 in Venedig als Installation ausstellten. Die nur auf das Produzieren von Bildern festgelegten postmodernen Entwurfsmethoden halten Königs Architekten für völlig überholt. Statt dessen erforschen sie, wie Stadt entsteht und wahrgenommen wird, um den Kommunikations- und Planungsprozeß selbst zu entwerfen. Jeder konkrete Vorschlag ist daher ein Prototyp, der im Laufe der Zeit weiter entwickelt und verbessert werden kann. Perfekte Lösungen gibt es nicht, doch das experimentelle Suchen nach adäquateren Entwurfsmethoden – vor allem im relativ konservativen, weil theoriearmen Deutschland – ist für Ilse und Ulrich Königs die entscheidende Bastion der Architekten.

Ilse Maria Königs and Ulrich Königs have shared an office in Cologne since 1996. They are housed in the light-filled story of a former industrial building. They share backgrounds marked by a split between solid practical training and great openness toward theoretical questions that is reflected in the conceptual character of their designs. After studies in Innsbruck and Aachen respectively, and professional experience with Joachim Schürmann and Peter Kulka, they were further influenced by certain ideas from Anglo-American theory that transgress received notions about architecture. Ulrich Königs joined the Bartlett School of Architecture in London, working later at the Architectural Association in London with Jeffrey Kipnis. In 1995, he took part as Peter Kulka's partner in a competition for the sports stadium in Chemnitz, in which Ilse Königs was involved as well. Engineer Cecil Balmond from the firm Ove Arup then joined the team. Together they proposed an open tribune landscape with free, flowing forms and a light informal structure. The project received first prize and, if realized, would certainly have been one of the most advanced contemporary stadiums.

Viewed by some as notorious for being too "theoretical", but by others as too bound up with the practical, the Königs see their chance as the capacity to mediate between disciplines and participants. "Judo tactics" is their name for this concept. To move like a runner through a thicket; to be always prepared to take new paths; to search for the visionary aspect not in idealistic constructions, but instead in reality itself: that is their method. They attached a quotation from Lenin to their contribution to the Wallraf-Richartz Museum competition: "I don't know if I am a radical. But I can't possibly be as radical as reality already is." This is not only an ironic leave-taking from the forerunner generation of the '68ers, but really is Ilse and Ulrich Königs' motto. Thus, they do not define their "weak" tactics as the evasion of political or social questions, but as a conscious approach to them.

Decisive in this respect is their conscious adaptation of methods from other disciplines such as biotechnology, medicine, computer technology, etc., into the design process. Kevin Kelly's book "Out of Control" is a key text for them. On the one hand, it is above all contemporary developments in the natural sciences which have placed classical structures of order in question, since these analyze and generate natural processes in a new way. On the other, it is a question precisely of partial knowledge, for architects are, according to the Königs, well-situated to mediate between different interest groups, which also involves their own positions and convictions. Ilse und Ulrich Königs consider retreat into an imagined domain of architectural autonomy to be a fundamental misunderstanding of their profession. So too, in their view, attempts to reform architectural training by binding it closer to practice, thus narrowing students intellectually by establishing new specialized professorships such as those in project management.

Their adaptation of methods from other spheres therefore counts both as practical and theoretical research, one which investigates especially urban-planning design as a field of experimentation for new and more useful concepts and means of presentation. An outcome of this was the research project "DIVERCITY© – Strategies for Development of the Urban", developed in 1999, when Königs had a grant from HfG Ulm, which the architects presented at the Venice biennial 2000. Postmodernist design methods, tied exclusively to the production of images, is now completely superseded, say the Königs. Instead, in order to design the communication and planning processes themselves, they investigate how a city comes into being and how it is perceived. Each concrete proposal is thus a prototype which can be improved and developed in the course of time. There are no perfect solutions, but the experimental search for adequate design methods – above all in relatively conservative, because theory-impoverished Germany – is for Ilse and Ulrich Königs the decisive bulwark for architects.

Wallraf-Richartz-Museum

Köln

1996 nahmen Königs Architekten an dem Realisierungswettbewerb für den Neubau des Wallraf-Richartz-Museum
in Köln teil. Für ihr Entwurfskonzept verwenden sie die
von Jeffrey Kipnis entwickelte Strategie der „kohärenten
Heterogenität". Diese geht davon aus, daß es für ein
Gebäude keine von außen kommende Idee mehr braucht,
da die Realität selbst schon genug Ideen für Lösungen
liefert. Verschiedene kontextuelle Bezüge eines Ortes
werden in einem ersten Schritt graphisch und räumlich
überlagert und anschließend interferenziell miteinander
verschmolzen, so daß ihre Konturen verwischen und ihre
jeweilige Autonomie als Einzelelemente verloren geht.
Der Entwurf ergibt sich somit als Visualisierung gegebe-
ner Parameter, zugleich sorgt die sehr graphische und
zweidimensionale Umsetzung für ein Konzept, das statt
Bilder und Formen eines Gebäudes eine programmati-
sche Raumorganisation generiert.

Da der Ort und die Sammlung des Museums selbst
schon als Überlagerung von mehreren „(Ge-) Schichtun-
gen" zu lesen ist, werden zuerst die Parameter des
Grundstücks – Topographie, Bodendenkmäler wie römi-
sche Funde oder Fundamente aus dem 12. Jahrhundert,
historische Parzellierung, genauso wie die planungs-
rechtlichen Festlegungen der Gegenwart – als graphische
Codierung erfaßt. Der nächste Schritt der Überlagerung
und Verschmelzung dient dazu, die sich abzeichnende
Raumstruktur mit den Programmen zu korrelieren. Das
prozeßhafte Ausarbeiten der Interferenz führt im Ender-
gebnis zu einer labyrinthartigen räumlichen Verschachtelung, deren Struktur bei der Durchwegung erlebbar
wird. Anders als bei der „white box" konventioneller
Museumsarchitektur lädt diese von Ulrich und Ilse
Königs als „glatter Raum" (Gilles Deleuze) bezeichnete
„mittelalterliche Raumstruktur" zum Sich-treiben-lassen
ein. So wird eine stärkere Konzentration auf die Bilder
ermöglicht.

In 1996, Königs architects participated in a competition
for a new building for the Wallraf Richartz Museum in
Cologne. For the design concept, they made use of the
strategy of "coherent heterogeneity", developed by
Jeffrey Kipnis. This approach assumes that a building
no longer requires an externally imposed idea, that
reality itself already supplies enough ideas to produce
a solution. As a first step, various contextual references
pertaining to the site were graphically and spatially
superimposed, and finally fused with one another via
"interference", so that their contours become blurred,
their individual autonomy lost. The design thus results from the visualization of given parameters, while
their graphic and two-dimensional transformation
provides a conception, generating, in place of images
and forms of a building, a programmatic spatial organization. Since the location and collection itself are
already super-impositions of historical layers, the
architects took up the parameters of the site (topography, archaeological remains such as Roman finds
or 12th century foundations, historical lot dimensions,
as much as contemporary legal planning obligations),
codifying them in graphic terms. The next step, involving superimposition and fusion, serves to correlate
the emerging structure with the spatial program.
The process-oriented working through of mutual interference results in a labyrinthine, interlocking space
whose structure can only be experienced by passing
through it. Different from the "white cube" of more
conventional museum architecture, this "medieval
spatial structure", which Ulrich and Ilse Königs refer
to as a "smooth space" (Gilles Deleuze), invites us to
let ourselves be led. This promotes a more pronounced
concentration on the paintings themselves.

Interferenzminimum (oben)
und Interferenzmaximum
(unten) sind graphische Darstellungen der minimalen und
der maximalen Überlagerung
und Verschmelzung (Verdich-
tungspunkte bzw. Räume).

**Minimum (above) and maxi-
mum interference (below):
graphic representations of
minimal and maximal degrees
of superimposition and fusion
(of points of condensation
and of spaces, respectively).**

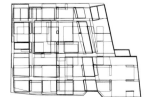

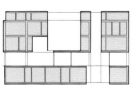

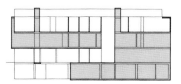

Auch die Fassaden führen das Thema der Interferenz weiter. Entsprechend den räumlichen, funktionalen und technischen Anforderungen überlagern sich Schichten aus transparentem, transluzentem und opakem Glas, aus Birkenholzpaneelen und Stahlbetonscheiben.

The facade takes the theme of interference further. According to given spatial, functional, and technical requirements, layers composed of transparent, translucent and opaque glass and of birchwood and reinforced concrete paneling are superimposed.

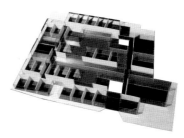

Längs- und Querschnitte. Lufträume und „blinde Flecken" erzeugen eine labyrinthartige Verschachtelung des Gebäudes. Grundrisse von unten nach oben: EG (Eingang, Vortragssaal, Wechselausstellung), 1. OG und 2. OG (ständige Ausstellung), DG (Verwaltung).

Longitudinal and cross sections. Air spaces and "blind spots" produce a labyrinthine, interlocking space.
Floorplans from bottom to top: Ground floor (entrance, presentation hall, special exhibitions), 2nd and 3rd floors (permanent collections), attic story (administration).

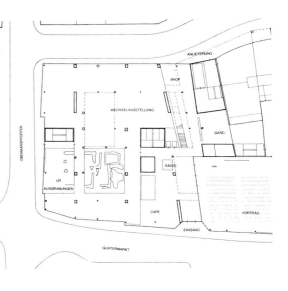

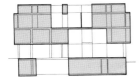

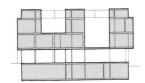

LF 17 – Düsseldorf Hafen Bibliothek 21, Stuttgart

LF 17 – Düsseldorf Harbor Library 21, Stuttgart

Städtebaulicher Entwurf für den Düsseldorfer Hafen. Links der formale Gebäudeprototyp.

Urban design for Düsseldorf's harbor. To the left, the formal building prototype.

LF 17 - Düsseldorf Hafen

In Zusammenarbeit mit |
In collaboration with:
Fritzen + Löf Architekten, Köln

Mitarbeit | Collaboration:
Ilka Aßmann
Aysin Ipekçi

Bibliothek 21, Stuttgart

Mitarbeit | Collaboration:
Aysin Ipekçi

1999 nahmen Königs Architekten an zwei Wettbewerben zugleich teil, die sie dafür nutzten, ihre Idee des experimentellen Weiterentwickelns eines entworfenen oder gefundenen Prototyps unmittelbar auszuprobieren. Für den städtebaulichen Wettbewerb in Düsseldorf sollten nur Formen und Gebäudemassen entworfen werden; Programme gab es keine. Aus verschiedenen kontextuellen Bezügen am Düsseldorfer Hafen entwickelten die Architekten eine Form für ein Gebäude, das zu seiner Umgebung paßt, aber keine konkrete Funktion enthält. Diesen für Düsseldorf entworfenen Gebäudetypus implantierten Ilse und Urlich Königs nach Stuttgart, wo der Wettbewerb für eine Bibliothek ein sehr striktes und umfassendes Programm vorsah. Durch die Auffüllung der Gebäudeform mit dem Bibliotheksprogramm wurde diese auch bestimmten Veränderungen und Anpassungen unterzogen, ohne jedoch ihre spezifische Gestalt einzubüßen, die trotz der Tatsache, daß sie für Düsseldorf entworfen wurde, für den Stuttgarter Kontext ebenso paßt.

Königs Architekten haben kein kontextuelles Gebäude entworfen, eher ein technisches Objekt, das zwar für eine spezifische Situation entstanden ist, aber in jedem neuen Stadium ganz allmählich mit Informationen und Anforderungen der Gegenwart angepaßt und verbessert wird. Zuerst ist es eine prototypische Form, mit dem Programm der Bibliothek wird es zu einem Projekt. Doch das eigentliche Projekt hat weder etwas mit Düsseldorf noch mit Stuttgart zu tun. Tatsächlich geht es darum, einen visionären Prototyp aus der Realität heraus zu entwickeln, bis er relativ unabhängig ist, um ihn dann wieder der Realität „einzupflanzen", bis er immer besser und komplexer wird. Es ist durchaus denkbar, daß das Gebäude an einem anderen Ort mit einem anderen Programm erneut weiter entwickelt wird.

In 1999, Königs Architekten took part simultaneously in two competitions which enabled them to try out directly their idea for the experimental development of an invented or discovered prototype. For the urban-planning competition in Düsseldorf, only forms and building masses were to be proposed; there was no specific program. Starting from various contextual references to Düsseldorf's harbor, the architects developed a building form which was adapted to its environment, but had no concrete function. Ilse and Ulrich Königs implanted this building type, designed for Düsseldorf, into Stuttgart, where the competition for a library included a strict and comprehensive program. In being used for the library program, this building form underwent certain transformations and adaptations, yet without forfeiting its specific shape, which, despite the fact that it was produced for Düsseldorf, fit the Stuttgart context just as well. Königs Architekten had designed not a contextual building, but rather a technical object, which was in fact the result of a specific situation, yet is gradually improved and adapted at each new stage through the introduction of new information and new requirements. In the beginning, it was a prototypical form, through the library program it became a project. Yet the actual project has nothing to do with either Düsseldorf or Stuttgart. In fact, it is a question of developing a visionary prototype out of reality, until it is relatively independent: it can then be once more "implanted" into reality, becoming better and more complex in the process. It is entirely possible that the building may be renewed and further developed on another location and with a different program.

Gesamtkörper | **Volume**

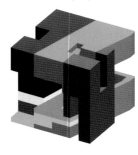

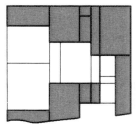

Schemaschnitte | **Schematic sections**

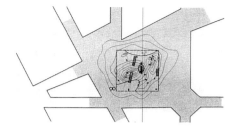 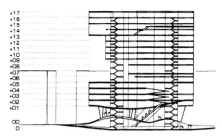

Mitte und rechts: Das gleiche Gebäude als Bibliothek in Stuttgart. Das 17geschossige Gebäude bezieht durch topographische Gestaltung des Bodens des offenen Erdgeschosses die Umgebung mit ein.

Middle and right: The same building as library in Stuttgart. The 17-story building is related to its surroundings through the topography of the floor in the open ground level.

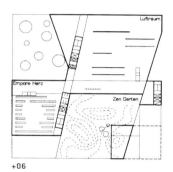

+06

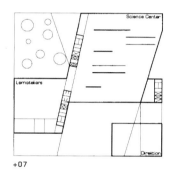

+07

+13/14

+15/16

0

Bibliothek 21: Grundrisse
Library 21: Floor plans

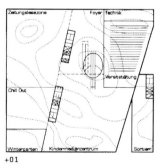

+01

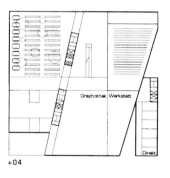

+04

+05

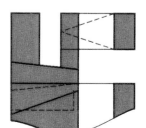

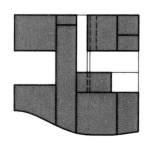

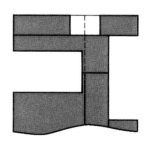

Kongreßzentrum Dresden
Congress Center Dresden

Mitarbeit | Collaboration:
Ilka Aßmann
Christoph Michels
Thomas Roskothen

Der Wettbewerbsbeitrag für das Kongreßzentrum in Dresden (1999, 3. Preis) könnte als Weiterentwicklung des Entwurfes für das Wallraf-Richartz-Museum in Köln gelesen werden. Fortsetzung des städtebaulichen Grundrisses, örtliche Topographie und Verbindung zwischen innerer und äußerer Raumorganisation spielen auch bei diesem Entwurf eine zentrale Rolle. Jedoch verzichtet der Erläuterungsbericht gänzlich auf eine vorgelagerte theoretische Strategie, genauso wenig gibt es konzeptuelle Darstellungen in Form von Diagrammen, graphischen Codierungen o.ä. Der Entwurf übersetzt unmittelbar die kontextuellen und programmatischen Bedingungen der Aufgabe.

Das Konzept besteht aus zwei grundsätzlichen Überlegungen. Zum einen muß der Betrieb für die Kongreßsäle und ihre angegliederten Einrichtungen wie Hotel, Gastronomie, Erschließung, Anlieferung, Regieräume, Akustik etc. logisch und effizient organisiert sein, zum anderen geht es Ilse und Ulrich Königs um die Einbindung des Komplexes in die besondere land-

The Königs' entry for the competition for a congress center in Dresden (1999, 3rd prize) could be read as a further development of their design for the Wallraf Richartz Museum in Cologne. Continuation of town-planning structures, local topography, and connections between inner and exterior spatial organization also play a central role in this design. Moreover, their explanatory report excludes the support of any theoretical strategy, and offers no conceptual representations in the form of diagrams, graphic codification, and so on. The design translates the contextual and programmatic conditions of the commission directly.

The concept consists of two fundamental considerations. First, management of the congress chambers and connected facilities: hotels, restaurants, services, deliveries, administration, sound system, etc., had to be logically and efficiently organized. Secondly, it was a question for Ilse und Ulrich Königs of relating the complex to its specific landscape on the banks of the Elbe river. Lined up next to the Semper Opera

Lageplan.
Der Entwurf versteht sich als kontinuierliche Fortschreibung des Stadtgrundrisses

Site plan.
The design is conceived as a continuation of the structure of the city's plan.

Straßenansicht | **Street view**

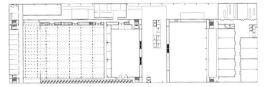

Grundrisse. Die Flexibilität des Saales wird durch seine zweiseitige Erschließung und durch die zweischalige Fassade an der Straßenseite gewährleistet. Sowohl die innenliegende Glasebene als auch die außenliegende Paneelebene sind beweglich. Sie können für Anforderungen wie Schallreflexion und -absorption, Raumöffnung, Raumabschluß, Sonnenschutz, Klimapuffer etc. jeweils spezifisch eingestellt werden.

Floor plans. The hall's flexibility is ensured by openings on either side, and by the double-shell facade on the street side. Both the inner glass layer and the outer paneled layer are moveable. They may be precisely rearranged according to requirements of sound reflection and absorption, expanded or restricted access, sun protection, climatic buffering, etc.

schaftliche Situation am Elbufer. Aufgereiht neben Semperoper, Landtag und Erlweinspeicher soll das neue Kongreßzentrum nicht nur eine zusätzliche „Perle" darstellen, sondern räumlich und visuell mit der Umgebung verschmelzen. Da das Zentrum einen gewissen Grad an Abschließung benötigt, können sich beide Überlegungen widersprechen. Die Lösung ergibt sich durch räumliche Schichtung des ganzen Komplexes. Die beiden Kongreßsäle sind mitsamt ihren technischen Einrichtungen zur Straße hin orientiert, während sich auf der Uferseite eine funktionale und thermische „Raummembran" vor die Säle lagert, welche die öffentlichen Einrichtungen aufnimmt und den Bezug zum Außenraum herstellt. Besonders ist, daß dieses Elbfoyer den Raum nicht nur horizontal, sondern auch vertikal differenziert. Erneut taucht die Idee der Verschachtelung auf: durch im Raum schwebende Volumen, topographische Bearbeitung des Bodens und Fassadenschichtung mit unterschiedlichen Materialien.

House, the State Parliament, and the Erlweinspeicher, the new Congress Center has to be not only an additional "pearl", but should blend spatially and visually with its surroundings. Since the center required a certain degree of detachment, these two conditions might appear to be contradictory. A solution resulted from the spatial layering of the entire complex. Both congress halls, together with their technical facilities, are oriented toward the street, while on the river side, a functional and thermal "spatial membrane" lies before the halls, incorporating public facilities, setting up a relationship to the outside. What is remarkable is that the foyer on the Elbe differentiates space not only horizontally but also vertically. Once more, we find the notion of interlocking spaces: by means of volumes floating in space, topographical treatment of the floor, and the layering of the facade with different materials.

Panoramasicht auf das Elbufer mit Landtag, Erlweinspeicher und neuem Kongreßzentrum.

Panoramic view of the banks of the Elbe with the State Parliament, the Erlweinspeicher, and the new Congress Center

Fassade zur Marienbrücke | **Marienbrücke elevation**

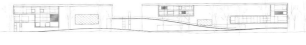

Modell und Elbuferansicht | **Model and Elbe river elevation**

Querschnitt. Rechts der Erlweinspeicher, der als Hotel genutzt wird.
Section. To the right, the Erlweinspeicher, used as a hotel.

Längsschnitt | **Longitudinal section**

Pfarrzentrum St. Franziskus
St. Francis Parish Center

Regensburg

**Projektleitung |
Projectmanagement:**
Claudia Pannhausen
Thomas Roskothen

Mitarbeit | Collaboration:
Ilka Aβmann
Sabine Bruckmann
Rosario Distaso
Volker Mencke
Christoph Michels

1998 gewannen Königs Architekten den ersten Preis bei dem Realisierungswettbewerb für den Neubau des Pfarrzentrums St. Franziskus in Regensburg, durch den sie ihren ersten Bauauftrag erhielten. Ulrich und Ilse Königs beziehen sich bei dem Entwurf für die Kirche auf historische Vorläufer im Kirchenbau. Der „schwebende", weil schwerpunktlose Raumeindruck spätbarocker Kirchen, der durch ausgeklügelte Verschiebungen der sich in der Höhenabwicklung überlagernden Grundrisse entsteht, soll auf moderne Art übersetzt werden.

Der Baukörper ist ein nach außen geschlossen wirkender Kubus aus 36,5 cm dickem Vollziegelmauerwerk mit farbiger Schlämmung und einigen unregelmäßig verteilt erscheinenden, verschieden großen Öffnungen, der eher einen minimalistischen Eindruck hinterläßt. Im Inneren ist jedoch alles anders. Die durch die sich nach oben allmählich verändernden ellipsoiden Grundrißfiguren des Raumes versuchen, wie in barocken Kirchen, durch „pulsierende" Innenwände diese regelrecht nach außen zu drücken. Die daraus entstandene, komplexe Form will sich jedoch nicht plastisch nach außen abbilden. Der Bezug zur Außenwelt wird vor allem über das Licht hergestellt. Der Hauptraum wird über eine verglaste, mit Siebdruck versehene Dachkonstruktion belichtet, während die in Größe, Verteilung und Form variierenden Wandöffnungen punktuell dramatisieren. Diese „funktionalistischen" Öffnungen, die im Schnitt eine konische Form haben, um das Licht genau zu lenken, erscheinen außen als einfaches Rechteck, insofern geben sie keine Auskunft über ihre tatsächliche Bestimmung. Das Außen ist eine Box, die anderen Prinzipien folgt.

In 1998, Königs Architekten were awarded first prize in a competition for a new building for the parish center of St. Francis in Regensburg, through which they received their first commission. Ulrich and Ilse Königs refer in their design to historical precedents of church architecture. The "floating" spatial impression of the late-Baroque church, produced by the absence of a focal point, and resulting from the displacement/dislocation of upwardly curving superimposed plans is here transposed into a work of modern architecture.

The building's exterior resembles a closed cube with 36.5 centimeter thick solid brick walls with colored stucco, and walls penetrated by openings of differing sizes, distributed in an apparently irregular fashion, making a somewhat minimalist impression. Within, however, everything is different. The ellipsoidal plan of the room, gradually shifting as it curves upward, attempts, as in Baroque churches, to push outwards with "pulsating" interior walls. The resulting complex form does not reveal its plasticity from without. The relation to the outside world is produced above all by light. The main space is lit by the glazed, silkscreen printed roof construction, while the openings, varying in size, distribution and shape, dramatize punctually. These "functional" openings, cutting through the wall conically in order to direct the light, appear from without as simple rectangles, thus giving no information about their actual disposition. The exterior is a box, and the other principles follow from this.

Als Vorbild für den Entwurf dienen barocke Innenräume wie Barrominis S. Carlo alle Quattro Fontane in Rom

Baroque interiors such as Borromini´s S. Carlo alle Quattro Fontane in Rome were a model for the design.

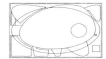

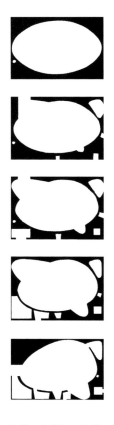

Die kontinuierlichen Veränderungen der Grundrißfigur des Kircheninnenraums werden mit Ausbuchtungen für Kapelle, Beichte, Andacht etc. und Lichtöffnungen in der Wand kombiniert, die in verschiedenen Größen, Formen und Höhen punktuell den von oben gleichmäßig belichteten Raum dramatisieren.

The continual transformations of the ground plan of the church interior will be combined with projections in the form of a chapel, confessional, devotional area, etc., and with wall apertures allowing light to enter. These vary in size, form, and height, dramatizing the space, which is lit evenly from above, with dispersed points of light.

Alle Sichtflächen innen und außen werden farbig geschlämmt, so daß Ungenauigkeiten des Mauerwerks nicht sichtbar sind. Die Fenster haben verzinkte und lackierte Stahlprofile, das Eingangsportal ist eine Stahlkonstruktion, allseitig mit Kupfer verkleidet, Seiteneingangstür und Friedhofskapellentür sind aus Massivholzpaneelen.

All visible surfaces both within and without have been stuccoed, concealing irregularities in the masonry. The windows have galvanized, varnished steel sections; the entry portal is a steel construction, copper-clad on all sides; and the side entry door and cemetery chapel are of massive wood paneling.

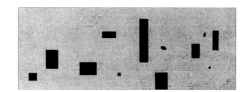

Innenraum | **Interior**

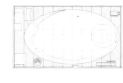
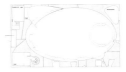
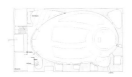

Längsschnitt und Querschnitt. Der Innenraum wird zu einer komplexen Form, deren Wandung aus Vollziegelmauerwerk – tragende Außenwände 36,5 cm, tragende Innenwände 24 cm – an Tragwerksplanung und konstruktive Ausführung höchste Anforderungen stellt. Wo es konstruktiv erforderlich ist, werden Stützen aus Stahlbeton innenseitig hinzugefügt. Die Dachkonstruktion besteht aus elf Fachwerkträgern aus Stahl, die im Abstand von 3,40 m die Querrichtung überspannen.

Longitudinal and cross section. The inner room becomes a complex form, its solid brickwork (the load-bearing outer walls are 36.5 cm thick; the inner ones 24 cm) make the highest demands regarding structural planning and execution. Where structurally necessary, reinforced concrete supports have been added to the interior. The roof construction consists of eleven steel truss girders, spanning it transversely at intervals of 3.4 meters.

Von unten nach oben: Ebene 0, 1, 2 und 3.

From bottom to top: levels 1, 2, 3, and 4.

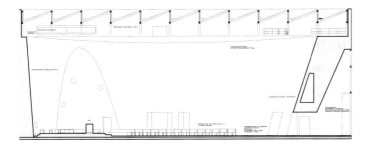
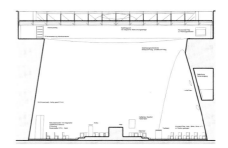

ANDRÉ POITIERS

Hamburg

André Poitiers gehört zu jener Gruppe junger deutscher Architekten, die während der achtziger und zu Beginn der neunziger Jahre in den britischen Büros von Norman Foster oder Richard Rogers tätig waren, als diese im eigenen Land wenig Chancen, dafür zum Teil umso mehr in der Bundesrepublik hatten. Die nicht nur glücklichen Erfahrungen in Großbritannien, die Poitiers noch heute mit seinen ehemaligen Mitstreitern und Konkurrenten Armand Grüntuch, Almut Ernst, Stefan Behling, Eike Becker, Georg Gewers, Oliver Kühn und Wolfgang Wagener verbindet, haben sie alle dazu gebracht, jeder auf seine Weise, das britische Erfolgsmodell High-Tech-Architektur nach Abschluß dieser Lehrzeit eigenständig in Deutschland fortzuführen, um sich aber zugleich davon abzusetzen. Doch zum einen gehen die Großaufträge von Banken und Firmen immer noch an die britischen Renommierbüros, mit ihrer straffen Organisation, Professionalität, ihren zahlreichen Mitarbeitern und Spezialisten. Zum anderen ist es gar nicht so einfach, das Image eines Foster- bzw. Rogers-Abkömmlings abzustreifen. Die Ähnlichkeiten nicht nur in der Darstellung und Präsentation der Projekte sind dafür zu deutlich. Auch die Themen und die Selbstdarstellung entsprechen häufig der durchaus konservativen Haltung der berühmten Vorbilder, die ihr Faible für technologische Innovation mit der traditionellen Berufsauffassung eines handwerklich solide arbeitenden Baumeisters verbinden. Und so ist man auch nicht erstaunt, daß Poitiers und seine beiden Büropartner Ulrich Engel und Martin Michel ihr Büro einerseits in einem der ältesten Kontorhäuser der Hamburger Innenstadt haben und andererseits elf Mitarbeiter an Computerterminals auf High-Tech-Design-Glastischen arbeiten lassen. Die handwerklich aufwendigen Modelle, für die das Büro des gelernten Tischlers und Bankkaufmanns bekannt ist, entstehen an einem anderen Ort, nämlich in der Tischlerei seiner Mutter in Pinneberg.

Zweifellos hätte aus André Poitiers Architekten ein kommerziell erfolgreiches Büro werden können. Jedenfalls sieht das Poitiers heute selber so. Für die meisten steht jedoch sein Name inzwischen für einen Zusammenbruch, und zwar von der Art, wie ihn niemand erleben möchte. Das endgültige Kollabieren der gläsernen Kuppelkonstruktion der Sporthalle in Halstenbek am 26. Juni 1998 machte Poitiers über Nacht berühmt und zur Zielscheibe hämischer Kommentare seitens der lokalen Boulevardpresse.

Zwar stellte zuguterletzt ein unabhängiges Gerichtsgutachten die Unschuld des Architekten fest (als Schuldige wurden Tragwerksplaner, Prüfingenieur und die ausführende Stahlbaufirma zusammen benannt); auch die Medien korrigierten ihre Berichte, wenngleich nicht mit den gleichen reißerischen Lettern und Photos, doch ist eine solche Negativerfahrung keineswegs rückgängig zu machen.

Die unfreiwillige Zwangspause will Poitiers von nun an als freiwilliges Programm fortführen. Das heißt: das Büro wird finanziell einerseits mit „bread and butter jobs" über Wasser gehalten, andererseits will sich Poitiers in Zukunft stärker visionären Projekten widmen, die er auch ohne Auftrag verfolgt. Das Nachdenken über Architektur im gesamten kulturellen Umfeld und entsprechend der experimentelle Austausch mit anderen Disziplinen soll im Vordergrund stehen. Dazu sucht er den Kontakt zu der gegenwärtig sehr produktiven niederländischen Szene und zur Architectural Association in London, außerdem läßt er sich zunehmend durch die Musikkultur und Büros wie Fisher Park inspirieren, die ihre Wurzeln in der Popkultur der sechziger Jahre haben und inzwischen für ihre Inszenierungen der Bühnenshows der Rolling Stones, Pink Floyd, U2 und AC/DC bekannt sind und die seiner Auffassung, Architektur mit modernsten technischen Mitteln als „event" zu inszenieren, Nahrung geben. In gewisser Weise ist dieser zweite Bürostart auch ein Rückbezug. Poitiers erinnert sich, daß er schon während seiner Zeit im Büro von Norman Foster am meisten Jan Kaplicky bewundert hat, der damals einer der Projektleiter im Büro war und dessen eigenes Büro Future Systems für die Kontinuität von den pneumatischen Strukturen (environmental bubbles) der sechziger Jahre bis zu den computergenerierten, flüssig kompakten Formen der Gegenwart steht.

André Poitiers belongs to that group of younger German architects who were active in the early 90s in the British firms of Norman Foster or Richard Rogers when the latter had few opportunities in their own land, but, to some extent, many more in the Federal Republic. His experiences – some good, some not so good – in Great Britain still tie him to his present-day comrades-in-arms and competitors Armand Grüntuch, Almut Ernst, Stefan Behling, Eike Becker, Georg Gewers, Oliver Kühn and Wolfgang Wagener. Upon completion of their studies abroad, all of them have independently continued – each in his / her own way – the successful British model of high-tech architecture, while also distancing themselves from certain aspects of it. On the one hand, certainly, the larger commissions from banks and firms still go to reputable British offices, with their tight organization, professionalism, and numerous assistants and specialists. And on the other, it is not so easy to shed the image of being the offspring of a Foster or a Rogers. The similarities, and not only in the rendering and presentation of projects, is too obvious. Even themes and styles of presentation correspond to the often conservative attitude of these famous models, with their weakness for technical innovation, tied to a traditional professional image of the master builder's solid craftsmanship. It is not, then, surprising that Poitiers and his two partners Ulrich Engel and Martin Michel have their office in one of the oldest merchants houses of Hamburg's downtown, while at the same time having their eleven assistants work at computer terminals on high-tech glass designer desks. The extravagantly-crafted models for which this office of a certified carpenter and banker is so well known, have their origin in his mother's carpentry workshop in Pinneberg.

Without a doubt, André Poitiers Architekten could have become a commercially successful office. In any case, that is how Poitiers sees things today. For most people, his name stands for a "breakdown", if in a way that no one would have wanted: on June 26, 1998, his glass cupola on Halstenbek's gymnasium collapsed, making him famous overnight, if only as a target for malicious commentary in the tabloids. Finally, to his credit, an independent certification from the court asserted the architect's complete innocence (the guilty parties named were the structural engineer, the examining engineer, and the steel-construction firm); the media even corrected their reports, if without the initial sensational photos and captions – but such a negative experience can never be annulled.

But he plans to use this involuntary pause to follow a deliberate program. Meaning: the office will keep itself afloat financially by taking "bread and butter jobs" while Poitiers also devotes himself in the future to more strongly visionary projects, pursuing them even without commissions. Reflections on architecture within its total cultural context, and the corresponding experimental exchange with other disciplines will stand in the foreground. For this reason, he tries to develop contacts with the extremely productive Dutch scene and with the Architectural Association in London. In addition, he is increasingly inspired by musical culture and by firms such as Fisher Park, with their roots in the popular culture of the 60s, becoming well-known for designing stage-shows for the Rolling Stones, Pink Floyd, U2 and AC/DC, and who, in his opinion, have nourished the idea of staging architecture as "event", employing the most modern technical means. In certain respects, this represents a second beginning for the firm, but also a look backwards. Poitiers remembers that already during his time in Norman Foster's office, he was very impressed by Jan Kaplicky, then a project director in the firm, whose own firm Future Systems stands for the continuity between the pneumatic structures (environmental bubbles) of the 60s, all the way to the computer-generated, fluid, compact forms of the present.

Sporthalle Halstenbek
Gymnasium Halstenbek

**Projektleitung |
Project management:**
Markus Röttger

**Mitarbeit |
Collaboration:**
Göran Meyer,
Carsten Kieselowsky,
Ulrich Engel,
Sabine Eisfeld,
Arnd Woelcke,
Benjamin Holsten,
Fabian Kremkus

**Bauleitung |Site
management:**
Architekt BDA
Rüdiger Franke,
Hamburg

**Tragwerksplanung |
Structural engi-
neering:**
Schlaich, Berger-
mann + Partner,
Stuttgart

**Haustechnik |
Mechanical
engineering:**
Berneburg +
Partner, Hamburg

**Landschaftsplanung |
Landscaping:**
Wehberg, Eppinger,
Schmidtke, Hamburg

Akustik | Acoustics:
Taubert + Ruhe,
Halstenbek

Seit dem zweimaligen Einsturz des Daches – zuerst im Februar 1997 nach einem Sturm, dann im Juni 1998 – ist die Sporthalle in Halstenbek zu trauriger Berühmtheit gelangt. Die juristische Bestätigung der Unschuld des Architekturbüros hat André Poitiers motiviert, die Halle zu vollenden. Schließlich stecken seit dem gewonnenen Wettbewerb vom Oktober 1993 mehr als sechs Jahre Arbeit und Energie in dem Projekt. Und nicht zuletzt ist es der erste große Auftrag für das Büro.

Die Sporthalle liegt auf einem 5500 qm großen Grundstück, südlich des Ortskerns von Halstenbek. Von außen erscheint sie als ein in der Diagonale des Areals situiertes, quasi natürliches Implantat. Man sieht nicht viel: nur eine Wölbung, die – als grüner Betonkranz mit flacher Glaskuppel – an ihrem Scheitel achteinhalb Meter aus dem Boden ragt.

Das Gebäude selbst ist um etwa vier Meter in das Erdreich gesenkt und wird über zwei Treppenläufe abwärts erschlossen. Der polygonale ellipsoide Grundriß ist maximal 78 m lang und maximal 60 m breit. In der Mitte der Halle liegt ein Normalspielfeld von 27 x 45 m, an den Längsseiten von Verkehrs- und Nebenräumen umschlossen. Gußasphalt, Sichtbeton und Stahlgitter bestimmen das Aussehen der Flure, Epoxydharz in Orange und Ladebordwände aus Aluminium das Aussehen der Duschen.

Die Halle wird durch eine zweiachsig gekrümmte Kuppel bedeckt, die auf einer aus Stahlbeton gefertigten Ellipse von Balken und Köchern ruht. Ein Stahlnetz hält das Oberlicht. Mit seiner Fläche von etwas über 1000 qm ermöglicht das Glasdach sportliche Veranstaltungen wie unter freiem Himmel. Das Eingraben des Gebäudes hat den Vorteil, daß die Erdwärme genutzt werden kann; die Sporthalle ist ein Niedrig-Energie-Bau.

Since its roof twice collapsed - first in February 1997 following a storm, then again in June 1998 – the gymnasium in Halstenbek has attained a melancholy fame. Legal confirmation of his firm's innocence motivated André Poitiers to complete the hall. Since the competition award, in the end, more than six years of work and energy have been devoted to the project. And not least is the fact that it was the firm's first large contract.

The gymnasium is sited on a large lot of 5,500 square meters, south of Halstenbek's center. From without, it appears as a quasi-natural implant, aligned diagonally within the site. Very little is actually visible: just a vaulted form – a green concrete ring with flat glass dome – rises 8.5 meters from the ground at its crown. The building itself sinks about four meters into the earth, and is entered from above via two flights of stairs. The polygonal, ellipsoidal plan is 78 meters long and 60 meters wide at its maximal dimensions. At the center of the hall is a standard playing-field of 27 x 45 meters, bounded on its long side by hallways and store-rooms. Poured asphalt, exposed concrete and steel latticework determine the appearance of the halls, and epoxy resin in orange and aluminum tailboards are in the showers. The hall is capped with a double-axis curved cupola resting on a reinforced concrete ellipse of girders and joints.

A steel net regulates lighting from above. With an area of about 1000 sqare meters, the glass roof allows sporting events to take place as though under the open sky. The sinking of the building has the advantage that the warmth of the earth can be used: the gymnasium represents an achievement in low-energy architecture.

Der „gläserne Himmel" dominiert den Raum.
The hall is dominated by a "sky of glass".

Querschnitt an der kleinsten Achse
(60 m) und Längsschnitt an der größten
Achse (78 m).

**Cross section along the shortest axis
(60 m) and longitudinal section along the
longer axis (78 m).**

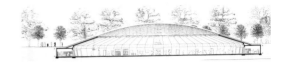

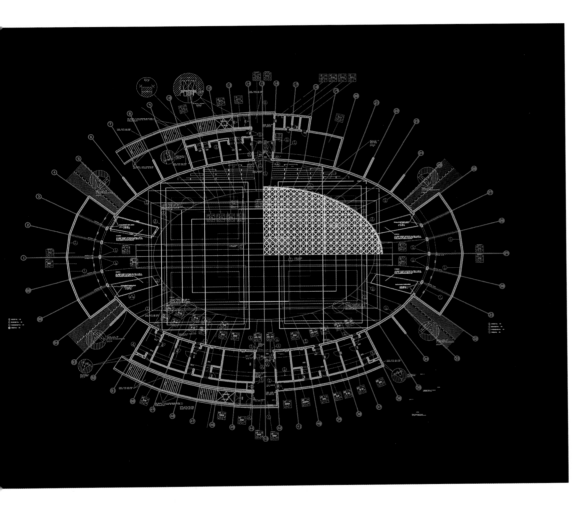

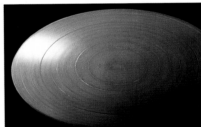

Zuerst stand die Idee der Gesamtform
(Holzmodell), dann wurden konstruktive
und funktionale Fragen erarbeitet (Stahl-
modell), zuletzt die „grüne" Erscheinung
der eingegrabenen Halle auf dem Grundstück.

**First came the idea of the total form
(wooden model), then structural and
functional problems were worked out
(model in steel), finally, the "green"
appearance of the buried hall on site.**

Blick von innen auf die selbsttragende
Glasnetzkonstruktion der Kuppel. Jede
Glasscheibe ist 2,40 x 2,40 m groß.

View of the self-supporting glass web
construction of the dome from within.
Each pane measures 2.4 x 2.4 meters
square.

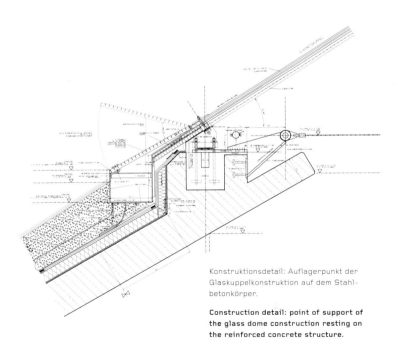

Konstruktionsdetail: Auflagerpunkt der
Glaskuppelkonstruktion auf dem Stahl-
betonkörper.

Construction detail: point of support of
the glass dome construction resting on
the reinforced concrete structure.

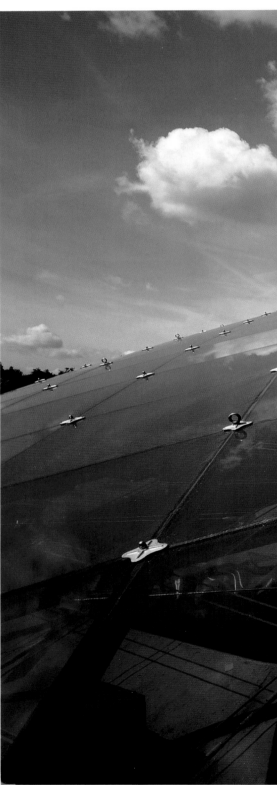

Da die Glasscheiben bündig aufeinander-
derstoßen und nur die Klemmteller an
den Eckpunkten zu sehen sind, kann sich
der Himmel in der gewölbten Kuppel fast
bruchlos spiegeln.

Since the glass panes are flush with
each other, with only plate-clamps
visible in the corners, the sky is mirrored almost without interruption in
the vaulted dome.

Doughnut

Berlin

CAD-Simulation:
Benjamin Holsten

Mitten im Bundestagswahlkampf 1998 ließ das „ZEIT-Magazin" vier junge deutsche Architekturbüros „zukunftsweisende", neue Parteizentralen für die vier im Bundestag vertretenen Fraktionen – CDU, SPD, Bündnis 90/Die Grünen, PDS – entwerfen. Per Losverfahren wurden die einzelnen Parteien an die Architekten verteilt. André Poitiers erhielt Bündnis 90/Die Grünen. „Öko-Ufo" titulierte das „ZEIT-Magazin" seinen Entwurf eines grünen gläsernen „Doughnut", der tatsächlich so aussieht, als ob er als eigene Welt mitten im Berliner Stadtteil Prenzlauer Berg gelandet wäre. Offenkundig soll damit das Dilemma der Partei, die Basisnähe sucht, sich aber häufig auch realitätsfern gibt, zum Ausdruck gebracht werden. Im kreisrunden Innern gibt es – entsprechend dem Rotationsprinzip – keine räumliche Hierarchisierung. Die Grünen werden somit zum Erfinder des „desk-sharing". Als Raumteiler dienen Projektionsschirme, auf denen ständig Ökokatastrophen gezeigt werden, von der Atombombenexplosion bis zur Ölpest, als „permanente Legitimation der eigenen Existenz". In der Konfrontation mit neuester Technologie, Öko-High-Tech für die Klimatisierung und einem futuristischen Design sollen die Grünen wohl das Jute-Image los werden?

In the middle of the 1998 national election campaign, "ZEIT Magazine" asked four young German architectural firms to design "trend-setting" party headquarters for the four factions in Parliament: the CDU, the SPD, Bündnis 90/Die Grünen, and the PDS. To start things off, the individual parties were distributed among the architects. André Poitiers was given Bündnis 90/Die Grünen. "ZEIT Magazin" dubbed his design the "Eco-Ufo": it was a green glassed-in "doughnut", appeared as though it had suddenly landed in the middle of Berlin's Prenzlauer Berg neighbourhood, a world unto itself. Apparently, this was meant as an expression of the party's dilemma: they aspire to stay close to their grassroots, yet often remain remote from reality.

In keeping with their rotation principle, the rounded circular interior space lacks spatial hierarchy. The Greens are thus the discoverers of "desk-sharing". Projection screens serve as room dividers, upon which ecological catastrophes are constantly shown, from atomic explosions to oil spills, as a form of "permanent legitimization of the party's existence". Are the Greens expected to lose their jute image via this confrontation with cutting-edge technology, ecological high-tech climate control, and futuristic design?

Mitten im Berliner Stadtteil Prenzlauer Berg liegt die neue Parteizentrale von Bündnis 90 / Die Grünen.

The new party headquarters of Bündnis 90/ Die Grünen is to be located in Berlin's Prenzlauer Berg neighbourhood.

Neueste Technologien, sowohl für Konstruktion als auch für Kommunikation, sollen einem möglichst hierarchielosen und transparenten Raum dienen.

The latest technologies – for both construction and communication – provide for a maximally non-hierarchical and transparent space.

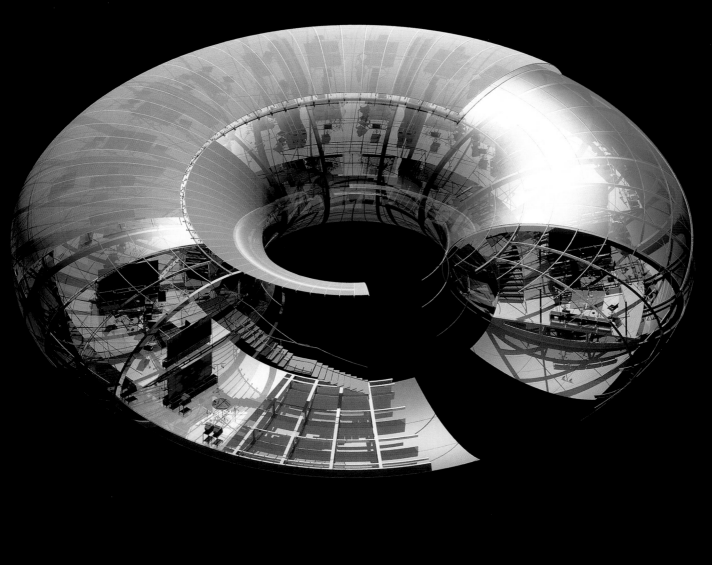

Öko-High-Tech für die Grünen: Gegen Überhitzung im Innern des gläsernen Körpers schützen computergesteuerte Stahlvorhänge.

Eco high-tech for the Greens: computer-controlled steel curtains prevent overheating of the interior of the building's glass body.

Plasma House

CAD simulation:
Benjamin Holsten

CAD administration:
Jochen Dinkel

Sowohl das Ziel der Moderne, von innen nach außen zu entwerfen, als auch der Formalismus der Postmoderne scheinen nicht ausreichend. Im einen Fall wurde dem städtischen Umfeld zu wenig Rechnung getragen, im anderen Fall führten zwanghafte Symmetrisierungen oder andere formale Vorgaben zu Zwängen im Innern. Das Plasma House ist deshalb eine methodische Studie, die die Möglichkeiten moderner CAD-Software zur Formgenerierung nutzt, um „elastisch" sowohl auf städtebauliche Richtlinien als auch auf interne Funktionsabläufe und Programme reagieren zu können. Studienobjekt ist ein klassisches Wohnhaus, für das sehr abstrakt Grundstücksgrenzen bzw. Kubaturvorschriften und Raumprogramm angenommen wurden. Das Verfahren basiert auf dem schrittweisen „Gießen" einer Positiv- bzw. Negativform, die in jedem einzelnen Stadium analysiert und weiter angepaßt und ausdifferenziert wird. Dargestellt ist die Ansicht bzw. der Schnitt. Beginnend mit der äußeren Form, über Raumstruktur, Verknüpfung und Versorgung, endet dieses Entwurfsprinzip bei der Bestimmung der einzelnen Raumvolumina, die jeweils in Bezug auf die benötigte Fläche so wie auf den zur Verfügung stehenden Raum flexibel angepaßt werden. Die Studie stellt einen ersten Schritt dar zu einer Entwurfsmethodik, die Häuser wie selbständige Organismen behandeln kann, welche im gleichen Maße autonom und adaptionsfähig sind.

Both the Modernist objective of designing outwards from within, as well as Postmodernist formalism are here deemed insufficient. In the first case, the urban surroundings are given too little attention, in the other, enforced symmetry or other formal premises lead to constraints within. The Plasma House is therefore a study in method which explores the possibilities offered by using modern CAD software to generate forms, in order to respond "elastically" to urban-planning imperatives as well as to internal functional requirements and programs. The object of this study is a classical residential house for which somewhat abstract plot boundaries, volume stipulations, and spatial programs have been assumed. The procedure is based on the stepwise "casting" of a positive/negative form, which is in each stage analyzed and further adapted and differentiated. Elevation and section are both represented. Beginning with the external form and continuing with spatial structure, utilities and maintenance, the design process is completed with the determination of the individual spatial volumes, each one of which is flexibly adapted to the needed area as well as to the space available. This study represents an initial step towards a design method which treats the house as an independent organism, one which is to equal degrees autonomous and capable of adaptation.

Phase 1   Phase 2   Phase 3   Phase 4   Phase 5   Phase 6

Phase 1:

Frei wählbares Volumen, abhängig von städtebaulichen Richtlinien.

Freely variable volumes, dependent upon urban-planning imperatives.

Phase 2:

Eine zweidimensionale übergeordnete Raumstruktur entsteht aufgrund vorab untersuchter Raumtiefen und Geschoßhöhen.

A two-dimensional generic spatial structure emerges, based on preliminary investigations of spatial depth and the height of each story.

Phase 3:

Diese Raumstruktur wird mit Masse gefüllt. Daraus ergibt sich ein Negativabdruck, der die nutzbaren Raumhüllen in den einzelnen Ebenen darstellt.

The spatial structure is given substance. From it emerges a negative mold, representing the usable spatial envelopes for individual levels.

Phase 4:

Aufgrund bestimmter räumlicher Anforderungen werden einzelne der körperlich wirkenden Raumhüllen entfernt, danach wird der Gußvorgang in umgekehrter Richtung vorgenommen, so daß erneut eine Raumstruktur entsteht, diesmal ausdifferenzierter, so daß bereits die Funktionsfähigkeit analysiert werden kann.

On the basis of definite spatial requirements, the volume envelopes are eliminated, after which the casting process is carried out in the opposite direction, so that a new spatial structure emerges, this time differentiated, so that now functional capacities may be analyzed.

Phase 5:

Es wird erneut ein Abguß vorgenommen, so daß wieder Raumkörper entstehen, die abhängig von Funktion und Lage durch Sekundärelemente wie Brücken, Treppen, Gänge etc. miteinander verbunden werden.

A further casting process takes place, so that new spatial bodies emerge again which, depending upon function and position, are linked via secondary elements such as bridges, stairways, passages, etc.

Phase 6:

Die einzelnen Raumkörper werden in Dichtigkeitsstufen unterteilt und mit einem Versorgungsnetz durchzogen.

The individual volumes are subdivided into degrees of density and interwoven with a utility network.

Phase 7:

Die einzelnen Teile werden über die Ebenen dreidimensional artikuliert. Vier Ansichten.

Individual parts are articulated in all planes and into three dimensions. Four elevations.

Phase 8:
Integration in das Gesamtmodell
Integration to complete model

Phase 7

B & K+

Das Objekt hat seine dominante Rolle verloren, alles wird Struktur,
wird Netzwerk; die Beziehungen müssen nicht räumlich sein.

The object has lost its dominant role, everything has become structure,
network: relationships do not necessarily have to be spatial.

NETZWER

DAGMAR RICHTER STUDIO

Der Autor ist tot.
The author is dead.

*Die klassische Planung ist in der Defensive, wenn es um die Untersuchung der
Überlagerung und Konkurrenz von realem und virtuellem Raum geht. Der Cyberspace
ist keine bloß phantastische Welt, er kann architektonisch erforscht werden. Bei uns
arbeiten viele verschiedene Leute an experimentellen Projekten, sie können machen,
was sie wollen, es gibt keine Schule.*

[KUNST UND TECHNIK]^{EV}

*Classical planning is on the defensive, where it is a question of investigating the
superimposition of and competition between real and virtual space.
Cyberspace isn't just a fantasy world, it can be explored architecturally.
Various individuals work with us on experimental projects, and they are free
to do what they like: there is no "school".*

*Weil wir zu sechst sind, müssen wir für alles plausible und logische Gründe haben,
deshalb können wir gar nicht formalistisch arbeiten.*

NETZWERK-ARCHITEKTEN

*Because there are six of us, we need to have plausible, logical reasons for everything,
and therefore we can't possibly work in formalist terms.*

B & K+

Köln

Seit Gründung ihres Büros 1996 haben Arno Brandlhuber und Bernd Kniess Schritt für Schritt ihre Tätigkeit konzeptionell und organisatorisch erweitert. Aus Brandlhuber & Kniess wurde das Kürzel „b&k+", hinter dem eine neue Art der Organisation steckt, die Vertreter anderer Disziplinen nicht nur inhaltlich, sondern auch als gleichwertige Projektpartner einbeziehen will. Brandlhuber und Kniess ziehen den Ideenaustausch und die Zusammenarbeit mit Künstlern, Musikern, Wissenschaftlern etc. dem üblichen Im-eigenen-Saft-Schmoren der Architekten vor. Damit suchen sie sich gegen die zunehmende „Vulgarisierung" der Architektur – entweder in rein kommerzielle oder ideologische Produkte – zu schützen. Als sie 1997 den Auftrag für ein Heizkraftwerk auf der EXPO 2000 in Hannover bekamen, wurde das Projekt in eine sogenannte .com-Version (die kommerzielle Version) und eine .org-Version geteilt, die den Namen „Klimazone" bekam. Nachdem die Realisierung gescheitert war, entwickelte sich „Klimazone" – unabhängig von Kosten- oder Rechtsfragen – als eigenständiges Ideenprojekt weiter, bis hin zu einer CD, die die Musiker von Liquid Sky produzierten.

Was bei „Klimazone" zum Teil noch durch die Umstände provoziert wurde, war bei dem Projekt „Telematische Landschaft" bereits Programm. Den Auftrag für einen Pavillon der Firma Bosch auf der EXPO 2000 nutzten „b&k+" für eine Projektpartnerschaft mit der Global Human AG und den Designern von Casino Container; zusammen übertrugen sie die .org-Version in ein freies interdisziplinäres Projekt, an dem sich Künstler, Theoretiker, Wissenschaftler, Musiker und andere beteiligten. Die praktische Grundlage bildet die Einführung der sogenannten +plattform, die zunächst eine frei gehaltene Galerie im loftartigen Büro von „b&k+" als Arbeitsbereich für die Projektpartner ist. Darüber hinaus kann die „+plattform" als Sammelstelle für Texte, Projekte und künstlerische Arbeiten zur „telematischen Landschaft" sowohl Buch, Ausstellung, Workshop als auch Datenbank im Internet sein.

Selbstverständlich ist die Zweiteilung eines Projektes in eine .com-Version und eine .org-Version kein Plädoyer für ausschließlich freies, künstlerisches Arbeiten. Nicht nur müssen das Büro und die .org-Version finanziert werden, auch Brandlhuber und Kniess sind an der Realisierung ihrer Ideen interessiert. Um aber der Erfahrung vieler junger Büros der neunziger Jahre zu entgehen, die genötigt sind, für einen in Aussicht gestellten Auftrag unbezahlte Vorleistungen zu erbringen, um letztlich durch ein großes Planungsbüro ökonomisch ins Aus konkurriert zu werden, haben sie mit der .org-Version ein Instrument entwickelt, das es ermöglicht, das Projekt zu sichern und weiterzuführen. Allerdings bleiben auch ihnen Selbstausbeutung und Einheitslohn der Mitarbeiter nicht erspart.

Überzeugt sind sie von ihrer Idee vor allem deshalb, weil dezentrale Vernetzung und Kommunikation nicht nur breit diskutierte Phänome sind, sondern bereits die Realität eines jeden Architekturprojekts. Das klassische Berufsbild des Architekten als übergeordneter Generalist gibt es nach Meinung von Brandlhuber und Kniess nicht mehr. Genauso hat das autonome architektonische Objekt seine dominierende Rolle verloren. Einzig Beziehungen zu strukturieren zählt in dem riesigen Feld oder Fluß der Realität, in die man eintauchen muß, um sie anzureichern. Diese Beziehungen oder Schnittstellen müssen nicht räumlicher Art sein. In jedem Maßstab sind Architekten als „positive Dilettanten" aufgefordert, durch Integrationsfähigkeit und rhetorisches Geschick eben jene Bilder und Entwürfe zu entwickeln, die das Problem der „Verortbarkeit", das heißt, das Nähe-Ferne-Problem im Zeitalter der Telekommunikation so zu übersetzen, daß Handlungsfähigkeit statt Ohnmacht entsteht. „b&k+" wählen in ihren Entwürfen deshalb häufig eine modulare, aber im Entwurf vorläufig abstrakt bleibende Grundstruktur, die in dem Moment, wo sie mit Information angereichert wird, das heißt, als Erweiterung von Wahrnehmung und Gebrauch eingesetzt wird, in Bewegung kommt. Durch Verschachtelung, Spiegelung, Drehung oder Überlagerung mit virtuellen Bildern wird eben jener Zustand eines fließenden Feldes ausgedrückt, bleibt aber als architektonisches Projekt verständlich. Theorie, sei sie aus der Philosophie, der Mathematik oder den Sozialwissenschaften, dient ebenfalls nicht der Untermauerung eines Projektes, sondern wird als weiches Bild mit dem Projekt und seiner Struktur überlagert.

Since establishing an office in 1996, Arno Brandlhuber and Bernd Kniess have continually expanded their activities in both conceptual and organizational terms. The names Brandlhuber & Kniess were to become the abbreviated moniker "b&k+", behind which stood a new type of organization, one integrating representatives from other disciplines not only in terms of content, but as project-partners of equal standing. Brandlhuber and Kniess much prefer active collaboration and the exchange of idea with artists, musicians, scientists, etc., to the "stewing-in-their-own-juice" so typical of architects. In this way, they attempt to protect themselves from the increasing "vulgarization" of architecture that results in works that are either exclusively commercial or ideologically trivial. When they accepted the commission for a thermal power station at EXPO 2000 in Hannover, the project came to be divided between a ".com-version" (commercial version) and an ".org-version", the latter bearing the title "Climate Zone". When the project could not be realized, "Climate Zone" was developed further – independently now of legal and cost questions – as an autonomous project idea, eventually becoming a CD, with music produced by the members of Liquid Sky.

That which had been, to some extent, provoked by circumstances in the case of "Climate Zone," was defined in programmatic terms from the very beginning with "Telematic Landscape". Using the opportunity provided by a commission from the Bosch firm for a pavilion at EXPO 2000, "b&k+" created a project partnership with Global Human AG and designers from Casino Container. Together, they translated the .org-version into a free, inter-disciplinary project in which artists, theoreticians, scientists, musicians, and others took part. The practical basis took shape as the installation of a so-called "+platform", mainly a gallery space within b&k+'s loft-style office, reserved as a work-space for project partners. Beyond this, the +platform is available for use as a depot for texts, projects, and artworks pertaining to "Telematic Landscape", as well as for books, exhibitions, workshop, or Internet databank. Of course, the division of a given project into a .com-

and a .org-version is not a plea for some kind of exclusively free artistic work. Not only must the office and the .org-version be financed: Brandlhuber & Kniess are interested in realizing their ideas. Many younger firms in the '90s found themselves burdened by the necessity of performing considerable unpaid preliminary work in order to compete for prospective commissions, only to lose out to large planning offices. In order to avoid such experiences, b&k+ have developed, with their .org-version concept, an instrument making it possible to preserve and further develop their projects. Certainly, they are not spared self-exploitation and small fixed salaries for assistants.

They are convinced of the validity of their ideas, above all because decentralized networks and communication are not only widely discussed phenomena, but are already realities for every architectural project. The classical professional image of the architect as superior generalist has disappeared, according to Brandlhuber and Kniess. Similarly, the autonomous architectural object has lost its dominant role. Only structuring relations count in the immense field or flood of reality into which one must plunge in order to enrich it. These relations or interfaces need not be spatial in nature.

By any measure, architects are challenged to be "positive dilettantes" to develop, by means of capacities of integration and rhetorical skill, images and designs that translate the problem of "location" (meaning, of proximity-distance relations in the age of telecommunications) in such a way that freedom of action rather than powerlessness results. For this reason, "b&k+" often use a modular basic structure, one remaining temporarily abstract during the design stage, but which comes to life as it is enriched with information, that is to say, altered by extensions of perception and application. Through interlocking, mirroring, rotation, or superimposition with virtual images, this condition of a mobile field is expressed, while remaining comprehensible as an architectural project. Theory, whether from philosophy, mathematics, or the social sciences, serves likewise not to underpin a project, but is overlaid as a dissolving picture with the project and its structure.

Telematische Landschaft
Telematic Landscape

Telematische
Landschaft.com
b&k+:
Arno Brandlhuber
Bernd Kniess
Markus Emde
Ulli Wallner
Sven Bäucker
Sebastian Hauser

**Tragwerksplanung |
Structural engineering:**
Werner Sobek

Telematische
Landschaft.org
+plattform@b&k+:
Meyer Voggenreiter
(Casino Container)
Rudi Frings
(Global Human AG)
Jochem Schneider

1998 erhielten b&k+ den Auftrag für einen Pavillon für die Firma Bosch auf der Expo 2000 in Hannover. Das Projekt wurde in eine „.com-Version" (die Realisierung des Pavillons) und in eine „.org-Version" aufgeteilt. Nachdem der Auftrag entzogen wurde (die Firma entschied sich für eine konventionelle Lösung), wird die „Telematische Landschaft.org" in Projektpartnerschaft mit Rudi Frings von der Global Human AG und Meyer Voggenreiter von Casino Container losgelöst von kommerziellen Faktoren interdisziplinär mit Künstlern, Theoretikern, Wissenschaftlern, Musikern etc. als freie Forschungsarbeit weitergeführt.

„Telematische Landschaft" kann sowohl als Architekturprojekt als auch als Gedankenexperiment begriffen werden. Entsprechend sind die Bilder Vorstellung und Entwurf. Telematik meint das „selbstbewegte Näherrücken von Entferntem" (Vilém Flusser), der Begriff der Landschaft rekurriert auf das moderne Verständnis einer vernetzten Welt, in der Räume und Orte nicht einfach da sind, als etwas Äußeres, sondern durch die Bewegung und Wahrnehmung von Nutzern selbst miterzeugt und ständig verändert werden.

Das Projekt versteht sich als selbständig wachsender, begehbarer Organismus, der aus unzähligen verschachtelten Körpern (Cluster) fraktal, d.h. selbstähnlich zusammengesetzt ist. Die genaue Form der Cluster bzw. der sich daraus ergebenden Gesamtform

In 1998, b&k+ received the commission for a pavilion for the Bosch firm at the Expo 2000 in Hanover. The project was divided into a ".com-version" (the realization of the pavilion) and an ".org-version". When the commission was withdrawn (the firm decided on a conventional solution), the "Telematische Landschaft.org" was severed from commercial concerns and, in partnership with Rudi Frings from Global Human Limited and Meyer Voggenreiter from Casino Container, continued as a free, interdisciplinary research activity together with artists, theoreticians, scientists, musicians, etc.

"Telematic Landscape" can be understood as an architectural project as well as a thought-experiment. Images, presentation, and design corresponds to this. Telematic means the "self-moving approach of distant things" (Vilém Flusser). The idea of landscape refers to the contemporary understanding of the connected world, in which space and location are not simply present as something external, but are called into being and constantly transformed through the movement and the perception of users.

The project was conceived as an autonomously growing, permeable organism, assembled fractally (i.e., of self-similar elements) of countless interlocking bodies (clusters). Neither the precise form of a cluster nor the self-generating total form is pre-

Die Raumidee der „telematischen Landschaft" geht von der Idee der fraktalen Geometrie aus, einer endlos sich verschachtelnden Struktur von selbstähnlichen Elementen in jedem Maßstab.

The spatial concept of the "Telematic Landscape" originates from the idea of fractal geometry, an endless interlocking structure composed of similar elements in each scale.

ist nicht festgelegt, genauso wenig wie die Materialien, aus denen diese Raummodule bestehen sollen. Glas, Metall, transluzente Polycarbonatplatten, Holz, Spiegel, Projektionsschirme etc.: Jedes Material, das „informiert" werden kann – durch Bedruckung, Tätowierung, Reflexion, Projektion etc. – ist für die „telematische Landschaft" geeignet, in der der Kanon zentralperspektivischer Konstruktionen zugunsten einer syn-perspektivischen Wahrnehmung, die den Beobachter durch Schleifenbildung und Überlagerung von Subjektivem und Objektivem zum Teil des beobachteten Systems werden läßt, in Frage gestellt werden soll. Durch die Hybridisierung von analogem und digitalem Material soll die Struktur der „telematischen Landschaft" maßstablos selbstähnlich werden. Es versteht sich von selbst, daß dieser Entwurf den Computer als Erzeuger, Instrument und Vermittler dieser „digitalen Vegetation" braucht, die erst in dem Moment, wo sie genutzt wird, zu einem projektiven Medium aktiver räumlicher Kommunikation wird. Die „telematische Landschaft" generiert sich selbst.

determined, any more than the materials of which these spatial modules consist. Glass, metal, translucent poly-carbonate sheets, wood, mirrors, projection screens, etc.: each material which can be "in-formed" – through printing, tattooing, reflection, projection, etc. – is suited to the "Telematic Landscape", where the canon of construction through central perspective is placed in question in favor of a syn-perspectival mode of perception allowing the observer to become a part of the observed system through looping and superposition of subject and object. Through hybridization of analog and digital material, the structure of the "Telematic Landscape" becomes measurelessly self-similar. It is self-evident that this design requires the computer as producer, instrument, and mediator of this "digital vegetation", which only becomes a projective medium of active spatial communication in the moment of use. The "Telematic Landscape" generates itself.

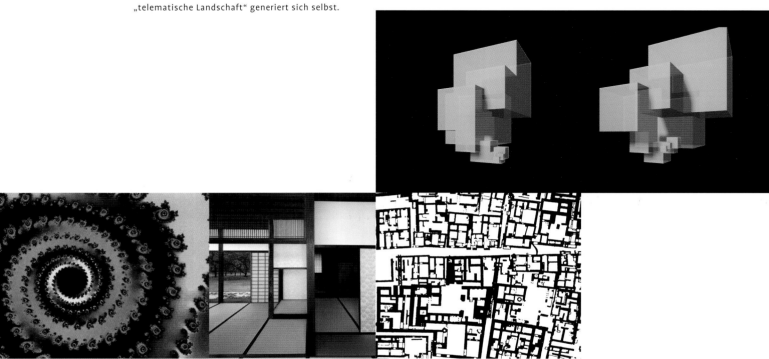

Die Schnitte sind ebenso wie die Horizontal-
schnitte willkürlich. In diesem Fall wird alle fünf
Meter geschnitten.

**Sections as well as horizontal sections are
arbitrary. In this case there are cuts at intervals
of five meters.**

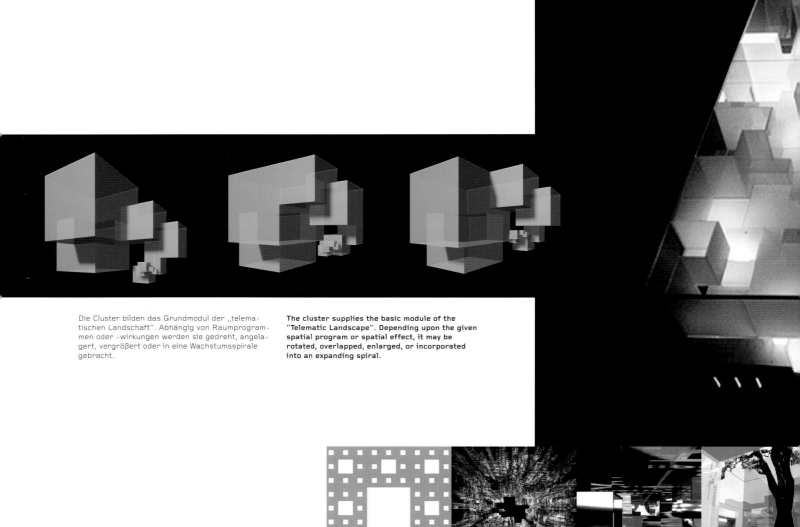

Die Cluster bilden das Grundmodul der „telematischen Landschaft". Abhängig von Raumprogram-
men oder -wirkungen werden sie gedreht, angela-
gert, vergrößert oder in eine Wachstumsspirale
gebracht.

**The cluster supplies the basic module of the
"Telematic Landscape". Depending upon the given
spatial program or spatial effect, it may be
rotated, overlapped, enlarged, or incorporated
into an expanding spiral.**

Es gibt in der „telematischen Landschaft" keine Geschosse im herkömmlichen Sinn.

In the "Telematic Landscape", there are no stories in the traditional sense.

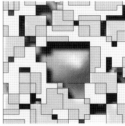

+10

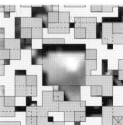

+7

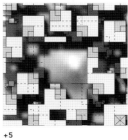

+1

+3

+5

Atelierhaus Am Kölner Brett
Studio House Am Kölner Brett

Die Kombination von Wohnen und Arbeiten findet man besonders häufig bei den Freischaffenden im Bereich der Kunst, der Medien und der Werbung. Für diese Zielgruppe entsteht in einem heterogenen Gebiet am Rande der Kölner Innenstadt ein Wohn- und Atelierhaus mit insgesamt zwölf Einheiten. Der Bedarf nach Großzügigkeit bei gleichzeitiger Differenzierung wird durch im Grundriß und im Schnitt L-förmige Raummodule erreicht, aus denen sich der Baukörper zusammensetzt. Jedes Modul hat somit einen eingeschossigen Teil, der zwei Drittel des Volumens ausmacht, und einen zweigeschossigen Teil. Zwar jeweils identisch, werden die einzelnen Module in ihrer Lage gedreht oder gespiegelt, so daß optionale Wohnsituationen durch unterschiedliche horizontale und vertikale Schaltmöglichkeiten entstehen können. Um die Schaltmöglichkeiten nicht durch Erschließung einzuschränken, werden die oberen Wohnungen rückseitig über eine Balkonanlage, die wie ein Bauchladen vor dem Gebäude auskragt, erschlossen. Obwohl (bzw.

The combination of work and residence is found especially often with free-lancers in the spheres of art, media, and advertising. Designed for this target group and located within a mixed area on Cologne's periphery, this apartment and studio building has twelve units in all. The need for both spaciousness and differentiated use was attained by means of a spatial module that is L-shaped (in plan and section), and from which the volume of the building is composed. Each module consists of a single-story part, occupying two-thirds of the total volume, and a two-story part. Although identical, the locations of the individual modules can be mirrored or rotated, producing optional living situations through a variety of horizontal and vertical switching possibilities. In order to avoid restricting these switches by circulation requirements, the upper apartments can be accessed from the rear via a balcony, projecting outward like street-vendors' trays. Although (or because) the structure was designed in abstract terms, con-

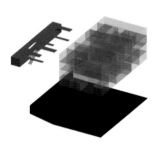

Grundkonzept des Gebäudes: Die ineinander verschachtelten Appartments bilden einen Block, die Erschließung (vom Hof aus) wird als Balkon-Treppen-Anlage davor gehängt.

The building's basic concept: the apartments, interlocking with one another, constitute a block, access (from the courtyard) will be via a suspended balcony-staircase structure on the exterior.

Für die Wohnatelier-Appartments gibt es verschiedene Kombinationen der Module.

For the residential/studio apartments, different module combinations are possible.

Blick in eine der Wohnungen
View of the apartment interior

Grundrisse von links nach rechts | **Floor plans from left to right:**
Ebene 0,+3, +6, +9 | **Levels 0, +3, +6, +9**

weil) die Struktur abstrakt entworfen wurde, ist innerhalb dieses „Wohnrhizoms" hohe individuelle Vielfalt
möglich, die durch Angebote, bestimmte Bereiche wie
Bad oder Galerie in Eigenregie zu erstellen, noch zusätzlich erhöht wird. Das Gebäude wird in Ortbeton-
Massivbauweise erstellt, großformatige Schiebeflügel
an beiden Hauptfassaden betonen die Großzügigkeit

siderable individual variety is possible within this
"spatial rhizom". This freedom is increased by offering residents the opportunity to draw up certain
zones, such as bathroom or gallery, themselves.
The building will be constructed of local concrete in
solid-building style, and large sliding doors on both
main facades will emphasize the spaciousness of the

Perspektivische Explosionszeichnung der einzelnen Appartements.
Exploded perspective of the individual apartments.

Hybrid_n – skyscraper

Frankfurt am Main

In den windberuhigten Luft-
polstern befinden sich die
vertikalen Gärten als unbeheizte Pufferzonen und Frisch-
luftreservoir.

**In the wind-calmed air
cushions are found the vertical gardens as unheated
buffer-zones and reservoirs
of fresh air.**

Für den Wettbewerb „Hochhauskomplex MAX" (1999)
in Frankfurt am Main forderte der Auslober ein sich
„ständig morphendes Wesen" in einem „global
village". Das so beschriebene neue Hochhaus, das
inmitten des Bankenviertel entstehen soll, ist allerdings ein reines Investorenprojekt, dessen spätere
Mieter und Nutzer noch nicht bekannt sind.

Um tatsächlich so etwas wie ein sich „ständig
morphendes Wesen" zu entwickeln, setzen b&k+ auf
ein wechselseitig parasitäres Verhältnis des Hauses
mit der Stadt. Die Basis für dieses Verhältnis ist Ver-
führung, ähnlich wie bei bestimmten Pflanzenarten,
die Insekten durch ihr Aussehen oder ihre Duftstoffe
anlocken. Natur ist in der Stadt das beste Verführungs-
mittel, jedoch will der Entwurf nicht ein statisches
Bild von Natur implantieren, sondern einen Hybrid aus
Künstlichkeit und Natürlichkeit. So ist die erste Maß-
nahme ein „topographischer Park", der einerseits Teil
eines grünen Bandes durch die Stadt sein soll, und
andererseits durch seine spezifische Oberflächenge-
staltung den Übergang zwischen „horizontaler" Stadt
und „vertikalem" Turm weicher macht. Vertikale
Gärten über die ganze Höhe des Hauses locken Nutzer
und Besucher nach oben. Die Abfolge Stadt Landschaft,
topographischer Park, üppige Vegetation verläuft

For the competition "Tower-complex MAX" (1999) in
Frankfurt am Main, the organizers called for a
"constantly self-morphing entity" within a "global
village". The tower building so described, to be constructed within the banking sector, is in any event
purely an investor's project, whose subsequent
tenants and users are not yet known. In order to
actually develop something like a "constantly self-
morphing entity", b&k+ decided upon a mutually
parasitic relationship between house and city. The
basis for this relationship is seduction, as with certain plant species, who charm insects through their
appearance or aroma. In the city, nature is the most
effective means of seduction, but the design won't
implant a static image of nature, but rather a hybrid
of artificiality and naturalness. The first measure was
thus a "topographical park", a green strip through
the city, and a means of softening the transition between "horizontal" city and "vertical tower" through
its specific surface design. Vertical gardens covering
the entire height of the tower encourage the user and
visitors to ascend. The sequence from city landscape
to topographical park to luxuriant vegetation not
only proceeds above from below, but also from the
artificial to the natural and vice versa, since the

Der grüne Hybrid inmitten der Frankfurter Bankentürme.
A green hybrid within the Frankfurt bank towers.

Gebäudeschnitt. Die vertikalen Gärten sind nicht nur ein
kulturelles Bild; sie verknüpfen natürliche mit technischen
Netzwerken.

**Section. The vertical gardens are not only a cultural image;
they link natural with technical networks.**

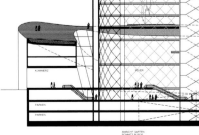

Die aerodynamische Form minimiert das Tragwerk.
Von links nach rechts: Ausrichtung der Gebäudeachse nach
den Windrichtungen; Luftpolsterbildung bei wechselnden
Windrichtungen; Tragstruktur.

The aerodynamic form minimizes the load-bearing structure.
From left to right: orientation of the building's axis according to the wind; air-cushion formation with changing wind
directions; load-bearing structure.

nicht nur von unten nach oben, sondern auch von künstlich zu natürlich bzw. umgekehrt, da die grünsten Bereiche in der Höhe auch den größten technologischen Aufwand benötigen.

Das Ausbalancieren von High-Tech und Low-Tech gehört entsprechend zur Gebäudekonzeption. Die vorherrschenden Windrichtungen aus Südwesten bzw. Nordosten geben die Gebäudeachse vor. Die Aerodynamik der sich daraus ergebenden ellipsoiden Form wird durch „Luftpolster" an den Seiten noch optimiert. In diesen windberuhigten Zonen befinden sich die Grünbereiche, die als unbeheizte Puffer zwischen der äußeren Hülle aus Einfachglas und den Büroräumen als Frischluftreservoirs dienen. Zudem werden die Horizontallasten durch die aerodynamische Form minimiert, so daß das Tragwerk nur aus Stützen zur direkten Lastabtragung und einer äußeren Diagonal-netzstruktur zur Aussteifung besteht.

greenest zone above requires the greatest technological expenditures. The balance between high-tech and low-tech corresponds to the building's basic conception. The predominant wind directions from the southwest and northeast deter-mine placement of the building's main axis. The resulting aerodynamic form will be further optimized by "air cushions". In these wind-calmed zones are found those green areas that serve as reservoirs of fresh air, buffers between the outer single-pane frame and the offices. Additionally, the horizontal thrust will be minimized through the aerodynamic form, so that the load-bearing structure consists only of weight-bearing supports and an external diagonal netbracing.

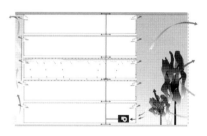

Grundriß Sockelgeschoß als Teil eines Parks,
der die Verknüpfung zur Stadt herstellt.

Plan of the basement level, as part of a park
which creates a connection to the city.

Schemaschnitt der klimatischen Konzeption: zwei unabhängige Gebäudekörper,
umgeben von einem Zwischenklima und
einer Hülle aus Einfachglas; Nutzung der
massiven Geschoßdecken als thermische
Masse; öffenbare Fenster; zentrale Frisch-
luftansaugung für je fünf Geschosse aus
dem unteren Bereich der Gärten; weit-
gehender Verzicht auf mechanisch er-
zeugte Kälte.

Schematic section of the climatization:
two independent architectural volumes,
surrounded by an intermediate climate
and a shell of single-pane glass; use of
the massive floors as thermal mass; openable windows; central fresh air intake for
each of the five stories from the lower
area of the gardens; mechanically produced cool air is substantially dispensed
with.

NETZWERK-ARCHITEKTEN

Darmstadt

Die sechsköpfige Gruppe netzwerk-architekten aus Darmstadt existiert noch nicht lange. Thilo Höhne, Karim Scharabi, Philipp Schiffer, Jochen Schuh, Markus Schwieger und Oliver Witan kennen sich seit dem Studium an der TH Darmstadt. Ihr Zusammenschluß am gleichen Ort verdankt sich hauptsächlich dem überraschenden Umstand eines großen Auftrages. 1996, zu einem Zeitpunkt, da Ort und Art ihrer Zusammenarbeit noch völlig offen waren – selbst einen Namen hatten sie noch nicht –, nahmen drei von ihnen zusammen mit dem Ingenieurbüro BPI aus Wiesbaden an dem geladenen Wettbewerb für eine Fuß- und Radwegebrücke in Oberhausen teil und erhielten prompt den ersten Preis. Zwischen 1997 und 1999 setzten sie den Auftrag ohne wirklich schwerwiegende Probleme um und waren von nun ab ein Architekturbüro in Darmstadt, dem nur noch der Name fehlte.

Vielleicht unbewußt fiel die Wahl auf den programmatisch klingenden Namen netzwerk-architekten, der zunächst ganz pragmatisch die Erfahrung einer geglückten Zusammenarbeit von sechs gleichwertigen Büropartnern reflektiert, die sich noch nicht festlegen wollen, inwieweit der Name die Büroorganisation über das einfache Verständnis hinaus definiert.

Jedoch muß man nicht zwangsläufig annehmen, daß mit zunehmender Größe und Menge der Projekte die Büroorganisation in hierarchisierte Bahnen gelenkt wird. Fraglos ist der Büroname zeitgemäß, denn er bezieht sich auch auf die Erfahrungen einer Generation, für die größere Offenheit und Komplexität der Gesellschaft keine Ziele oder Worte zum Sonntag sind, sondern tagtäglich erlebte Realität. Wie viele andere suchen netzwerk-architekten deshalb die kritische Auseinandersetzung auf der Ebene des einzelnen Projekts, wo Entscheidungen aufgrund von fachlichen Verhandlungen mit unterschiedlichen Interessensgruppen getroffen werden und Koalitionen jedesmal neu entstehen können. Als kleinste verbindende Einheit ist das Projekt gewissermaßen der Knoten im großen und komplexen Netz der Beziehungen, das sich daraus bildende Netzwerk ein befristetes Beziehungsgeflecht von Personen, Institutionen und Themen.

In dieser Definition kann ein Netzwerk kein räumlich oder strukturell starres Gebilde auf Dauer sein, sondern braucht die Flexibilität zum „Ausdehnen" genauso wie zum schnellen „Verknoten" und „Bündeln". Die Art und Weise, wie das konstruktive System der 230 m langen Brücke in Oberhausen („der Tausendfüßler") auf unterschiedliche Bodenbeschaffenheiten, Zugänge, Hoch- und Tiefpunkte jeweils spezifisch reagiert, zeigt, daß sich diese Idee des Netzwerkes auch auf das Entwurfskonzept der Darmstädter Gruppe überträgt. Ähnlich gehen sie auch vor, wo es nicht um die Konstruktion, sondern um die flexible und individuelle Handhabung des Raumprogramms oder der Haustechnik geht. Beim Projekt „con-version" subtrahieren und addieren netzwerk-architekten strategisch einzelne Bauelemente zweier bestehender Hochhäuser aus den sechziger Jahren, bis aus den ehemals isolierten Türmen ein komplexes Ensemble aus offenen und geschlossenen, aus privaten und öffentlichen Teilen wird, die sich gegenseitig durchdringen und somit den schnellebigen Wohn- und Arbeitsweisen angepaßt werden kann.

Daß dabei formale Fragen völlig sekundär werden, versteht sich von selbst. Gewiß nicht ganz unbeeinflußt von den breit publizierten jüngeren Büros aus Holland müssen nach Auffassung von netzwerk-architekten Gebäude funktionieren, und das heißt, daß Strukturen entworfen werden müssen, die belastbar und dem Ort angepaßt sind. Das Haus als Maschine, gegen das die postmoderne Vorgängergeneration so polemisch zu Felde gezogen ist, feiert seine Wiederauferstehung, allerdings nicht mehr als uniformer Käfig mit starrer Mechanik. Weil die komplexen Anforderungen der technischen Fragen noch lange nicht gelöst sind, widmen sich netzwerk-architekten deshalb mit der gleichen Energie ihren Hochbauprojekten wie auch der infrastrukturellen Umgestaltung von Autotunneln und Bahnhofsunterführungen oder der Ausformulierung eines ökologischen Gebäudekonzepts. Denn nicht zuletzt sind es insbesondere die Fragen des Energiesparens, die einseitige Lösungen ausschließen. Aus der Maschine muß ein dynamischer Organismus werden.

The six-member group netzwerk-architekten in Darmstadt has not been long in existence. Thilo Höhne, Karim Scharabi, Philipp Schiffer, Jochen Schuh, Markus Schwieger and Oliver Witan have been acquainted since their studies at Darmstadt's Technical University. Their alliance in the same city is owed mainly to the astonishing circumstances of a large commission. In 1996, when the place and manner of their collaboration was still completely open (they even lacked a name), three of them took part, with the engineering firm BPI of Wiesbaden, in the invited competition for a foot and bicycle bridge in Oberhausen: they promptly received first prize. They executed the project without serious difficulties between 1997 and 1999, becoming now an architects' firm in Darmstadt, and still lacking a name.

Perhaps unconsciously, they chose the programmatic-sounding "netzwerk-architekten", a reflection on the pragmatic experiences of rewarding collective work by the six equal partners; they won't yet be explicit as to what degree the name goes beyond this basic level of significance.

But we shouldn't conclude that with ever larger and more numerous projects, their organization will be steered in a more hierarchical direction. And the name is certainly timely, for it touches upon the experiences of a generation for whom greater openness and complexity in society are neither goals nor pious phrases, but instead everyday realities. Like so many others, the practice netzwerk-architekten therefore is critically engaged primarily at the level of the individual project, where decisions are – as a consequence of specialized deliberations – affected by various interest groups, and where coalitions can be born anew for each occasion. As the smallest connecting unit, it is the project that is often the knot in the enormous and complex web of relationships, and from which arises a short-lived network of connections between individuals, institutions, and themes. By this definition, a network cannot be a long-lasting spatial or structurally fixed forma-

tion, but instead requires the flexibility to "dilate" as well as to quickly "knot" or "bundle" itself. The manner in which the structural system of the 230-meter-long bridge in Oberhausen (the "Centipede") is capable of response to ground conditions, entryways, or high and low points indicates that this network principle has been transferred to the design concept of the Darmstadt group as well. Their approach is similar where not the structure is concerned, but where a flexible and individual handling of spatial programs or domestic utilities is necessary. With the project "con-version", netzwerk-architects added and subtracted individual elements from two existing high-rises dating from the 1960s, until a complex ensemble emerged from the formerly isolated towers, now composed of interpenetrating open and closed, private and public sections, and capable of adjustment to the fast-moving pace of contemporary life and work.

That formal questions are now fully secondary is self-evident. Not entirely uninfluenced, certainly, by well-publicized younger firms in the Netherlands, the netzwerk architects believe that a building must function, meaning that structures must be designed for endurance, and be well-adapted to the given site. The house-as-machine is celebrating its resurrection in the teeth of the polemical attacks of the preceding generation of Postmodernists, although not now as a uniform cage, stiff and mechanical. Since today's complicated demands involve technical questions that are as yet unsolved, the architects devote the same energy to the infrastructural redesign of highways and railway tunnels, or to the formulation of an ecological building concept, as they do to their high-rise projects. Not least of all, the question of energy conservation excludes one-sided solutions. For the "machine" must now become a dynamic organism.

Marinabrücke „Tausendfüßler"
The Marinabridge "Centipede"

Oberhausen

In Zusammenarbeit mit |
In collaboration with:
BPI/Wiesbaden

Für die Stelle, wo die A 42 (Emscher-Schnellweg), die Emscher und der Rhein-Herne-Kanal parallel gebündelt verlaufen, schrieb 1996 die Landesgartenschau Oberhausen 1999 als Projekt im Rahmen der IBA Emscher Park einen Wettbewerb für eine Fuß- und Radwegebrücke als längst fällige Verbindung zwischen dem Ortsteil Osterfeld und dem Zentrum Oberhausen aus. Die Einladung zu dem Wettbewerb erhielten netzwerkarchitekten durch das Ingenieurbüro BPI/Wiesbaden, das das junge Büro als Partner mit hineinholte. 230 m lang ist das ungewöhnliche Bauwerk, das gegen die sonst üblichen symmetrischen Lösungen, die mit einer ausdrucksvollen Geste sämtliche Täler und Hindernisse überspannen, eine viel „angepaßtere" Strategie erprobt. Weil es auf der langen Strecke die unterschiedlichsten Boden- und Höhenbedingungen gibt, reagiert die Brücke konstruktiv und formal auf die jeweilige Situation am Ort. Sowohl am Anfang als auch am Ende der Brücke erforderten die Autobahn und der Kanal eine bestimmte Mindesthöhe, während in der Mitte Tiefpunkte notwendig waren, die ausreichend Abstand zu den Starkstromleitungen darüber haben und behindertengerechte Zu- und Abgänge zu dem Hochwasserdamm zwischen Kanal und Emscher

In 1996, the Oberhausen 1999 State Garden Exhibition announced a competition for an IBA (International Building Exhibition) project at Emscher Park, intended for a point where the A 42 (Emscher highway), the Emscher River, and the Rhine-Herne Canal run parallel. In question was a foot and bicycle bridge providing a long-overdue connection between the area of Osterfeld and the center of Oberhausen. Netzwerkarchitekten received an invitation to participate through the engineering firm BPI/Wiesbaden, who took the new firm as project partner. This unusual structure is 230 meters long and, in contrast to the usual symmetrical solutions, spans entire valleys and obstacles with a single expressive gesture, thus attempting a far more "adaptive" strategy. Because the most varied vertical and horizontal conditions are encountered along the path of the span, the bridge responds in constructive and formal terms to each situation.

At the bridge's beginning as well as its end, the highway and canal together dictate a minimum height, while lower elevations are required at its center, first in order to clear heavy power cables above, and second to permit handicapped access entries and

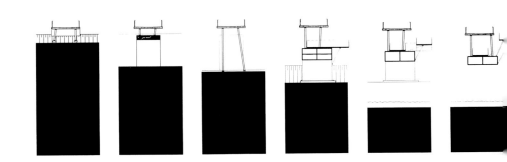

ermöglichen, welcher zum Rhein-Ruhr-Radwanderweg gehört. Zusammen mit den unterschiedlichen Bodenbeschaffenheiten ergab sich aus diesen Anforderungen ein geschwungener Gradientenverlauf des Brückenkörpers mit jeweils unterschiedlichen konstruktiven Ordnungen der einzelnen Brückenschläge. Die Schrägstellung der Stützen ist ebenfalls Folge dieser Konzeption; mit ihren eigens entwickelten Gußkalotten leiten sie die Horizontal- und Vertikalkräfte unmittelbar weiter. Zugleich sind sie das formal vereinheitlichende Element, das der Brücke zusammen mit der dünnen Betondecke den Charakter von Leichtigkeit und Selbstverständlichkeit gibt, was für Fußgängerbrücken, die über Autobahnen führen, zumeist die Ausnahme ist, weshalb sie ebenso oft verwaist sind. Der Unverkrampftheit der Lösung entspricht deshalb auch der Name „Fliegender Teppich".

exits to the dike between the canal and the Emscher river, belonging to the Rhine-Ruhr bicycle route. The uneven condition of the surface, together with the above circumstances, were dealt with by having the bridge follow a curving gradient, with individual piers following different structural arrangements. The slanted positioning of the supports is also a consequence of this conception; with their specifically developed cast calottes, they conduct horizontal and vertical thrusts immediately further. At the same time, they are a formally unifying element which, together with the thin concrete floor, lend the bridge a character of lightness and self-evidence exceptional for a footbridge over a highway – most similar structures lead a somewhat lonely existence. The sensation of unrestraint offered by this solution corresponds to the name, "Flying Carpet".

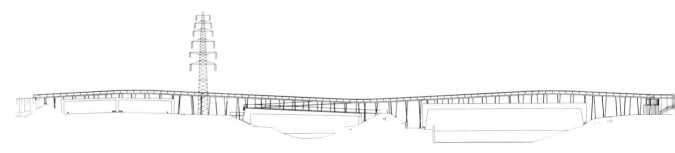

Längsschnitt von Westen. Der mittlere Brückenschlag über die Emscher kann sowohl auf dem Unter- als auch auf dem Überbau begangen werden. Hier befinden sich die Rampen, die zum Hochwasserdamm zwischen Emscher und Kanal führen.

Longitudinal section from the west. The central section above the Emscher can be crossed on the lower or upper level. Here are the ramps leading to the dike between the Emscher and the canal.

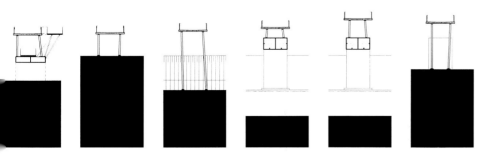

Querschnitte von Norden (Autobahn) über die Emscher nach Süden (Rhein-Herne-Kanal). Über die Autobahn spannen vorgefertigte Stahlbetonträger, die mit den Ortbetonscheiben vergossen wurden. Die Emscher und der Kanal werden von luftdicht verschweißten Stahlkastenrahmen überbrückt.

Cross section from the north (highway) across the Emscher River to the south (the Rhine-Herne Canal). Spanning the highway are prefabricated reinforced concrete pillars, poured together with in-situ concrete slabs. The Emscher River and the canal are crossed by air-tight welded steel frames.

Seitenansicht der Brücke beim Brückenschlag über die Emscher.
Side elevation of the bridge as it crosses the Emscher River.

An der südlichen Seite erwartet den Fußgänger unmittelbar das Centro Oberhausen, was zu der guten Frequentierung der Brücke beiträgt.

Immeditately to the south of the bridge is the shopping mall Centro Oberhausen, bringing many pedestrians to the bridge.

An der Ostflanke befindet sich die leichte auskragende Rampenkonstruktion, als behindertengerechter Zu- und Abgang zum Hochwasserdamm zwischen Emscher und Kanal.

On the east flank is the light projecting ramp construction, serving as handicapped access to the dike between the Emscher River and the canal.

Schnitt und Foto einer Schrägstütze (bis zu 5° Abweichung von der Lotrechten) mit der eigens entwickelten Gußkalotte am Fußpunkt.

Section and photo of one of the slanted piers (departing up to 5° from the vertical plumb line) with its specifically developed cast calotte at its base.

con-version

Darmstadt

**Mitarbeit |
Collaboration:**
Anna Sieveking
Christian Hennecke

**Tragwerksplanung |
Structural engineering:**
Prof. Weischede, Stuttgart

**Klimatechnik |
HVAC engineering:**
Transsolar, Stuttgart

Viele Hochhäuser der sechziger Jahre erfüllen schon längst nicht mehr die funktionalen, technischen und architektonischen Ansprüche der modernen Dienstleistungsgesellschaft. Dennoch kann man sie nicht beliebig abreißen. Für einen eingeladenen Realisierungswettbewerb in Darmstadt schlagen netzwerk-architekten eine doppelte „Umarmung" zweier bestehender elfgeschossiger Hochhäuser vor, um flexibel auf die sich verändernden Wohn- und Arbeitsmarktsituationen reagieren zu können: zum einen als hybrides Nutzungsprogramm, das sowohl im Wohn- wie im Bürobereich auf die Temporalität moderner Lebens- und Arbeitsweisen und deren Bedarf nach informellen Schnittstellen, schnellen Wechseln und Verschaltungen eingeht. Zum anderen als städtebauliche Geste, die die ungenutzten Restflächen solcher Areale in Atrien und „hängende Gärten" verwandelt, deren horizontale und vertikale Verknüpfung aus den beiden isolierten Hochhausscheiben ein räumliches Kontinuum macht. Diese Grünbereiche stellen vor allem die nötige räumliche Orientierung und Differenzierung dar; ihr Spektrum reicht von geschlossen bis offen, von fast privat bis öffentlich.

Die erforderlichen Maßnahmen für dieses Konzept bestehen aus gezielten subtrahierenden und addierenden Eingriffen: Rückbauten oder Abriß bestehender niedriger Annex-Gebäude, vor allem im Blockinneren; abgerissen wird ebenfalls der bestehende Erschließungskern der Hochhausscheiben; sogenannte „Adaptergebäude" werden statt dessen genau dort eingefügt, wo sie die funktionale und räumliche Verbindung des ganzen Ensembles unterstützen. Selbstverständlich sind auch Vorschläge für umweltfreundliche Energienutzung integriert.

Many high-rises from the 60s have long since ceased to fulfill the functional, technical and architectural demands of a contemporary service society. Still, they can hardly be torn down. For an invited competition in Darmstadt, netzwerk-architekten proposed a double "enfolding" of two existing eleven-story apartment towers, in order to make them capable of responding flexibly to today's rapidly changing circumstances concerning both dwelling and the labor market, and in two respects. First, as a hybrid program of use, one agreeing with the temporality of contemporary forms of life, their need for informal interfaces, rapid changes and switches of function in both residential and work spaces. Secondly, as an urban-planning gesture which transforms under-utilized areas into atriums and "hanging gardens", whose horizontal and vertical connections would create a spatial continuum connecting the isolated buildings. These natural areas represent above all the necessary spatial orientation and differentiation; their spectrum extends from closed to open, from nearly private to public.

The necessary measures for this concept consisted of purposeful subtractive and additive operations: the dismantling or razing of existing smaller annex buildings, mainly within the interior of the block; the razing of the existing entry-cores of the tower-slabs and the insertion of a so-called "adapter-building" in their place, promoting the functional and spatial integration of the whole ensemble. Of course, environmentally-friendly and energy-conservation measures have been integrated into the plan.

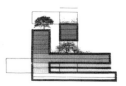  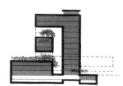

Schemaschnitte nach Nutzung.
Schematic sections according to use.

Querschnitt West-Ost und Ansicht von Westen. Die ineinander-
greifenden Gebäudeteile und die vielen unterschiedlichen Luft-
und Grünräume ermöglichen vielfältige Verbindungen, stellen
aber auch ausreichend Trennung dar.

**Cross section west-east and west elevation. The interlocking
parts of the building and the various spaces for air and
vegetation make possible a variety of linkages, while also
providing for adequate separation.**

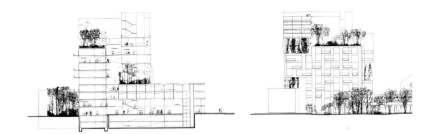

Perspektivische Sequenz einer Annäherung an das
Gebäudeensemble.

**Perspective sequence of an approach to the
building ensemble.**

Durch die Umbauten und die „hängenden Gärten" ist von den ehemals isoliert dastehenden Hochhausscheiben nichts mehr zu spüren.

**As a consequence of reconstructions and "hanging gardens", the
formerly isolated high-rises create quite a different impression.**

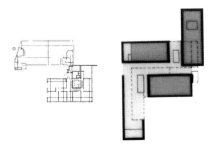
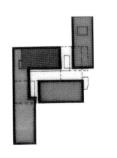
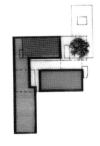
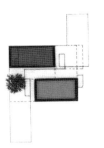
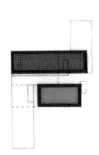

Von links nach rechts:
Normalgrundriß bestehende Hochhäuser; EG, 2.OG, 3.OG,
4.OG und 5.OG nach dem Umbau.

**From left to right:
Typical floor plan of the existing high-rises; ground floor,
3rd, 4th, 5th, and 6th story after the conversion.**

Landesamt für Umweltschutz
Office for Environmental Protection

Oppenheim

Fachberatung | Consultants:
Thomas Auer
Transsolar-Energietechnik,
Stuttgart

Die heterogene Umgebung und die spezifische Aufgabe eines Landesamtes für Umweltschutz, Gewerbeaufsicht und Wasserwirtschaft führte zu der Idee einer „grünen Insel", einem transparenten und energiesparenden Gebäude, dessen geschwungener Umriß eine „elastische" Antwort auf die unmittelbare Umgebung darstellt. Ein Wasserkanal umgibt das Gebäude und erweitert sich an der Vorderseite – dort, wo sich das Gebäude einbuchtet – zu einem kleinen See, der u.a. zur Regenwasserrückhaltung verwendet wird.

Aus thermischen und aus Gründen der internen Arbeitsorganisation ist das Gebäude kompakt, muß deshalb jedoch nicht auf Tageslicht im Innern verzichten. Vier grüne Höfe, alternierend von einer der beiden Längsseiten her eingeschnitten, bringen zusätzlich zu Licht den Ausblick auf vier unterschiedliche Gärten von den Büroräumen aus. Die Gärten thematisieren den Weinanbau, die kultivierte Gartenlandschaft, das Landschaftsbiotop entlang des Rheins und die Blumenwiese mit Obstgarten. Über mehrere große Schiebetüren in den Glasfassaden zu den Höfen sind sie auch betretbar.

Individuell zu öffnende Fensterflügel in der bandförmigen Außenfassade gehören ebenso zu jedem Arbeitsraum. Der Verzicht auf Fensterstürze und die ganzflächige Verglasung sorgen darüber hinaus für helle Decken in den Räumen, deren Tageslichtqualität dadurch bedeutend verbessert wird. Auf der Basis sowohl passiver als auch aktiver Nutzung regenerativer Energiequellen sowie aller natürlichen Effekte ist das Lüftungssystem zentraler Bestandteil des Energiekonzepts.

The heterogeneous surroundings and the specific tasks facing the Office for Environmental Protection, Facility Inspection and Water Resource Management led to the idea of a "green island", a transparent, energy-conserving building whose curved plan would represent an "elastic" reply to its immediate surroundings. A canal circles the building, continuing to the rear (where the house curves inward) as a small lake, used, among other things, to collect rainwater.

For thermal reasons, as well as because of the internal organization of work, the building is rather compact, yet need not sacrifice generous interior daylight. Four green courtyards, cut into each of the two long sides in alternating fashion, also supply the offices with garden views. These four different gardens are based on the themes of the vineyard, the cultivated garden landscape, the landscape-biotope along the Rhine, and flowering meadows with fruit orchards. A number of glass sliding doors set into the facade offer access to the gardens.

Each office also has individually openable windows, cut into the winding facade. The renunciation of lintels for the windows and the uninterrupted glazed surface also provide for well-lit ceilings in the offices, whose daylight quality is thereby decisively improved. With its dependence on passive and active renewable energy sources as well as the incorporation of other natural processes, the ventilation system is a central element of the complex's energy concept.

Fassadenausschnitt. Jede Fassadeneinheit hat ein Dreischeibenisolierglas mit integriertem Sonnenschutz im Scheibenzwischenraum, ein opakes Zuluftelement zur kontrollierten Lüftung und einen Öffnungsflügel zur individuellen Steuerung.

Facade detail. Each unit of the facade has triple-pane insulation glass with integrated sun-protection in the interspaces, an opaque intake unit to regulate ventilation, and a casement window for individual control.

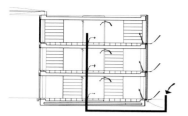 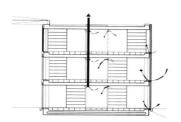 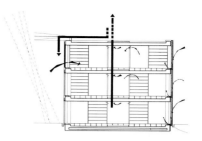

Lüftungskonzept | **Ventilation system**

Winter

Die Frischluft wird über einen solaren Zuluftkollektor angesaugt und (vor)konditioniert. Über ein schallgedämmtes Zuluftelement strömt die Frischluft in den Raum.

Fresh air is drawn in via a solar intake air-collector and (pre)conditioned. Fresh air streams into the room over a sound-insulated intake unit.

Sommer Nacht | **Summer, nighttime**

Zur Erwärmung der thermischen Gebäudemasse wird das Gebäude nachts mit kühler Außenluft gespült.

Because of the warming of the thermic mass of the building, it is aired out at night with cool air from outside.

Sommer Tag | **Summer, daytime**

Die Frischluft wird über das Zuluftelement angesaugt. Zusätzlich wird das Gebäude „von innen heraus" mittels eines Erdkanals gekühlt.

Fresh air is sucked in by the intake unit. In addition, the building is cooled from within by an earth channel.

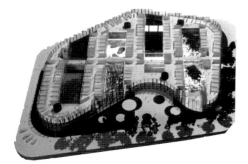

Über einen hölzernen Steg erreicht man den Haupteingang.
The main entrance is reached across a small wooden bridge deck.

 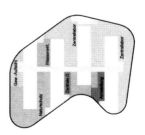 

Nutzungsschema der drei Geschosse (EG, 1.OG, 2.OG).
Utilization schema for the three stories (ground floor, 2nd and 3rd story)

DAGMAR RICHTER STUDIO

Los Angeles | Berlin

Dagmar Richter unterscheidet sich von den meisten Büros ihrer Generation in der Bundesrepublik. Was für andere nur teilweise gilt, gilt für sie in voller Konsequenz. Die Orientierung am Ausland, an internationalen Debatten, war und ist für sie kein zeitweiliges Interesse. Nach ihrem Architekturabschluß in Kopenhagen nutzte sie ein Postgraduiertenstudium bei Peter Cook an der Städelschule in Frankfurt zum Sprung in die USA. Seit 1988 übte sie Lehrtätigkeiten an verschiedenen amerikanischen Universitäten aus und begründete zugleich ihre Existenz als Entwurfsstudio und Theoretikerin. Die Bezeichnung Studio statt Büro verdankt sich zum einen der in den USA gängigen Praxis, einen Lehrstuhl und dessen technisches Equipment mit einem Büro, größtenteils bestehend aus Studenten, zu verbinden, zum anderen ihrer politischen Haltung, die sie als Feministin pointierter äußert als ihre männlichen Kollegen.

Trotz der hohen Anzahl von Architekturstudentinnen ist die Anzahl von Frauen, die ein eigenes Büro führen, nach wie vor verschwindend klein. Wohl auch weil die feministischen Theorien und Debatten – ganz zu schweigen von der sogenannten Gleichberechtigung – in der Bundesrepublik unterentwickelt sind, macht Richter keinen Hehl daraus, daß sie sich in den USA wohler fühlt. Daß sich die postmodernen Theorien nicht nur auf die Auseinandersetzung mit der historischen Stadt beschränken, sondern einen vielfältigen Diskurs eröffnet haben, der die Produktion von Architektur in philosophische, gesellschaftliche und literarische Fragestellungen einbettet, ist hierzulande nur am Rande wahrgenommen worden. In den USA hingegen, wo sich bereits viel früher die „gender studies" im akademischen Feld etabliert haben, gibt es eine Vielzahl von kritischen Beiträgen, die sich mit diesem Komplex auseinandergesetzt haben und es noch tun. Ein Teil dieser Debatte bezieht sich auf das Verhältnis von feministischer Theorie und postmoderner Entwurfspraxis.

Richter verweist häufig auf Hélène Cixous und den sogenannten französischen Feminismus, der das Autorenproblem zentral stellt. Aufgeworfen von Roland Barthes („Der Tod des Autors"), bekommt das ursprünglich nur auf das Verfassen von Texten bezogene Problem, das jeden geschriebenen Text als Editierung und Ergänzung eines Bestehenden und nicht als „Original" versteht, eine neue politische Dimension, wenn es mit Feminismus verbunden wird. Weil die Frau in der männlich geschriebenen Geschichte immer als Objekt und nicht als eigenständiges Subjekt definiert wurde, somit kein überlieferter Anspruch auf Autorenschaft besteht, geht es in der postmodernen feministischen Theorie vorrangig um das Untersuchen der Herrschaftsstrukturen von Kulturproduktion. Wie wird ein Text (oder irgendein anderes kulturelles Produkt) etabliert, und wie gliedern sich Frauen in diesen Prozeß ein?

Richter hat in verschiedenen Artikeln ihre Übereinstimmung mit dem politischen Ansatz der feministischen Kulturkritik erklärt, die dem Autor (oder dem Architekten) „das Recht auf ‚Unschuld' genauso versagt wie einer Kulturproduktion ihre Neutralität, welche der Autor durch bestimmte Schreib- und Entwurfsprozesse zu eliminieren versucht". Wird die Autonomie des Autors oder Architekten und des Entwurfsprozesses in Frage gestellt, so auch die der Architektur. Was viele andere als zeitbedingt erachten – das Ende des architektonischen Objektes –, ausgelöst durch technologische und ökonomische Entwicklungen, die auf Miniaturisierung und Flexibilisierung drängen, hat für Richter politische Bedeutung.

Verstanden als Text ist kein architektonischer Entwurf jemals „objektiv, klar und original im klassischen Sinn." Daher wird im Studio von Richter jeweils die Frage des „Übersetzens", des „Kopierens" und des „im Chor Singens" beim Entwurfsprozeß problematisiert. Viele ihrer Entwürfe sind eine Kreuzung aus Projekt und Forschungsarbeit, die aus einer Vielzahl von „Lesungen", „Neuinterpretationen" und „Neukartierungen" bestehen, die von Mitarbeitern genauso eingebracht werden wie von ehemaligen und künftigen „Lesern". Dem klassischen normativen Akt des Entwerfens setzt Richter eine rhetorische Strategie entgegen, die sie mit ihren Studenten an der UCLA in Los Angeles und der Kunsthochschule in Berlin-Weißensee jeweils neu einübt und untersucht. Die daraus entwickelten Darstellungen, die häufig ebenfalls vom überlieferten Kanon abweichen, verstehen sich daher als politisches Material, das von Auftraggebern und künftigen Nutzern erneut gelesen und entsprechend korrigiert werden kann.

In many respects, Dagmar Richter's practice differs significantly from most of the architectural offices of her generation in the Federal Republic. What for others is only partially or tentatively present, is for her valid in all its consequences. Her orientation toward foreign influences and international debates was and remains more than a temporary interest. After concluding her architectural studies in Copenhagen, she took advantage of post-graduate studies with Peter Cook at the Städelschule in Frankfurt to launch herself in the US. Since 1988, she has taught at various American universities, at the same time establishing her professional identity as theorist and head of a design studio. The designation "studio" instead of "office" can be attributed first of all to the American practice of tying a professorship and its technical resources to an office consisting mainly of students. Secondly, it is a consequence of her political stance which, as a feminist, she voices more pointedly than do her male colleagues.

Despite large numbers of women studying architecture, the number of women directing their own firms remains, as before, negligible. No doubt because feminist theory and debate are so underdeveloped in the Federal Republic (to say nothing of the so-called equal rights between men and women), Richter makes no secret of the fact that she feels more at home in the US. The fact that postmodernist theory hasn't confined itself to coming to terms with the historical city, but has also opened up a multivalent discourse integrating architectural production into philosophical, social, and literary problematics, has been perceived here in Germany only peripherally. In the US, conversely, where "gender studies" established itself much earlier as an academic field, there have been any number of critical contributions dealing with this problem complex. One aspect of this debate pertains to the relationship between feminist theory and postmodernist design practices.

Richter often refers to Hélène Cixous and so-called French feminism, for which the problem of the author is central. As posed by Roland Barthes (in "The Death of the Author"), and originally referring solely to problems related to textual production (that the text is understood as the editing and completion of an existing object and not as an "original"), assumes a new political dimension when it is integrated with feminism. Because women have always been defined as objects instead of as autonomous subjects within a history produced by men, leaving thereby no tradition of female authorship, postmodern feminist theory has given priority to investigating structures of domination in cultural production. How is a text (or any other cultural artifact) established, and how are women integrated into this process?

In a number of articles, Richter has announced her agreement with the political premise of feminist cultural criticism, which would deny the author (or architect) "the right to 'innocence' just as much as it denies neutrality to any cultural production, which the author seeks to eliminate through certain processes of writing and design". If the autonomy of the author or architect, as well as the design process, is placed in question, so is that of architecture itself. That which is held by many to be a condition of the times (the end of the architectural object), and to have been unleashed by technological and economic developments which compel miniaturization and greater flexibility, has for Richter a political significance.

Understood as a text, no architectural design is ever "objectively clear and original in the classical sense". Hence in Richter's studio, the questions of "translation", of "copying" and of "choral singing" are problematized in each case in terms of the design process. Many designs are constituted at the intersection of project and research activity, and consist of multiple of "readings", "new interpretations", and "new cartography" introduced as much by colleagues as by former and future "readers". Against the classical normative act of designing, Richter opposes a rhetorical strategy which she has pursued and investigated with her students, both at UCLA in Los Angeles and at the Academy of Arts in Berlin-Weißensee. The representations which emerge, often departing from the traditional canon, are thus seen as political material, which may be read anew by future clients and users and correspondingly revised.

Neue Bürolandschaft
New Office Landscape

Assistenten | Assistants
Gudrun Wiedemer
Michael Brem

Zunehmend wird über die Nutzung der brachliegenden Flächen nachgedacht, die unmittelbar an Autobahnen in Stadtnähe angrenzen. Für den 1994 ausgeschriebenen Shinkenshiku-Wettbewerb mit dem Titel „Superspace Working" setzte Dagmar Richter Studio einschneidende Veränderungen im infrastrukturellen Bereich voraus, welche neue räumliche und architektonische Möglichkeiten eröffnen. Notwendige Reduktion von Energieverbrauch und Umweltbelastung wird zum einen die einst massiven Bauelemente immer stärker in Schichten und Membrane auflösen, die zum Teil mittels elektronischer Steuerung fähig sind, komplexer werdende Anforderungen beim Wohnen und Arbeiten flexibel zu bewältigen. Zum anderen wird sich das elektrisch betriebene Automobil in größerem Maßstab durchsetzen. Aus der Kombination dieser zwei Überlegungen resultiert der Entwurf für eine neue Bürolandschaft, die die Vorteile verkehrsgünstiger Anbindung und Dichte mit denen der Landschaft verbindet. Weil elektrische Autos keine längeren Strecken überwinden können, geht Dagmar Richter Studio davon aus, daß die Autobahnen selbst den Strom, gegen Mautgebühr, zur Verfügung stellen werden. Entlang dieser elektrischen Autobahnen und ihrer Kreuzungspunkte können größere Baukomplexe entstehen, die den Nutzern ohne Abgas- und Lärmbelastung hervorragende Anbindungen und neue interessante Ausblicke auf den „Fluß" der Verkehrsströme bieten. Die vorgeschlagenen Gebäudetypen verwischen die Grenzen zwischen Architekturobjekt und freier Landschaft. Integriert werden zugleich bestimmte agrarische Bereiche. Nutz- und Zierpflanzen haben über den visuellen Genuß hinaus auch klimatischen Wert.

Der Wettbewerbsbeitrag setzt konsequent auf neue technologische Entwicklungen und nutzt deren räumliche Chancen. Durch neue Materialien wie Titan und Fiberglas wird die Architektur leichter und flexibler. Sie ist nicht formbestimmt, sondern reagiert auf infrastrukturelle Anforderungen, nicht nur in der Peripherie, sondern auch in innerstädtischen Lagen, wo sie brückenbildend durch Verkehr getrennte alte Bezirke neu miteinander verknüpfen kann. Der Entwurf erhielt den ersten Preis.

Increasingly, consideration is being given to possible utilization of waste lands lying immediately along highways in the vicinities of towns and cities. For the Shinkenshiku competition, announced in 1994 and bearing the title "Superspace Working", the Dagmar Richter Studio proposed far-reaching changes in the infrastructural sphere, opening up novel spatial and architectural possibilities. Necessary reductions in energy-use and of burdens to the environment have led, on the one hand, to the ever more decisive dissolution of formerly massive building elements into layers and membranes that are capable, to some extent by means of electronic controls, of mastering the increasingly complex demands of contemporary life and work. And on the other hand, electronic vehicles are coming into use on a larger scale. From this pair of considerations emerged designs for a new "office landscape", offering the advantage of convenient transportation together with those associated with the natural landscape. Because electric cars can be used only for short distances, Dagmar Richter began from the assumption that electricity would be available at intervals along the highway in exchange for toll payments. Large office complexes might be erected along this new electrified highway, or at intersections, offering users excellent connections as well as interesting new views of the traffic "stream", and without exhaust fumes and noise pollution. The proposed building type erases the boundary between architectural object and open landscape. Certain agricultural zones would also be integrated. Beyond offering visual pleasure, the presence of useful and decorative plants would offer climatic advantages.

The competition entry explored such new technological developments systematically in order to take advantage of novel spatial opportunities. Architecture now becomes lighter and more flexible through the use of new materials such as titanium and fiberglass. It is not pre-determined in formal terms, but instead responds to infrastructural requirements, not only on the periphery, but also in the inner-city, where such innovations would have the capacity to bridge connections between older districts, those hitherto separated by traffic routes. The entry received first prize.

„La ville contemporaine" am Beginn des 21. Jahrhunderts: Gebäude, Landschaft und elektrische Autobahn verschmelzen nicht nur visuell, sondern auch strukturell.

"La ville contemporaine" at the beginning of the 21st century: buildings, landscape, and electric highway are fused with one another, not only visually, but structurally.

Durch leichte Membrane können unterschiedliche Nutzungen wie Büros oder Bepflanzungen integriert werden. Die Architektur wird zum „weichen" Material, das zuvor Getrenntes verbindet.

By means of light membranes, contrasting utilizations such as offices or planting can be integrated. Architecture becomes a "smooth" material, joining together what has been separated.

Modell des Gesamtplans für einen Autobahnkreuzungspunkt. Unter der Voraussetzung der Elektrifizierung von Autobahnen kann der unmittelbar angrenzende Raum sinnvoll genutzt werden.

Model of the total plan for a highway crossing. With the electrification of highways, immediately adjacent areas can now be sensibly utilized.

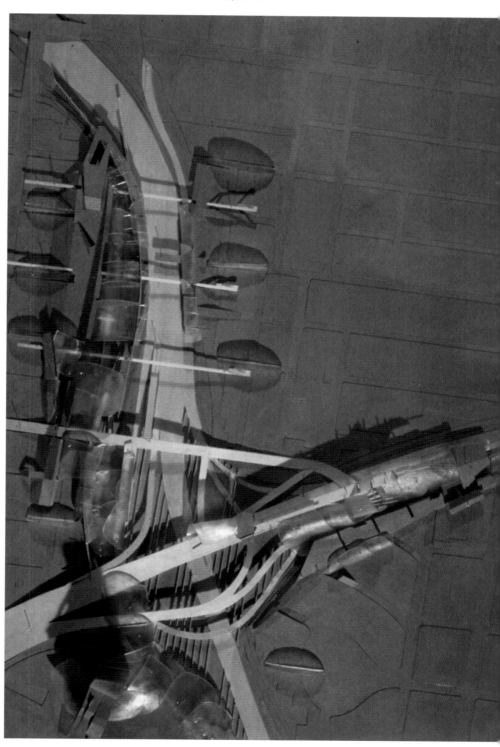

Zeitkapsel
Time Capsule

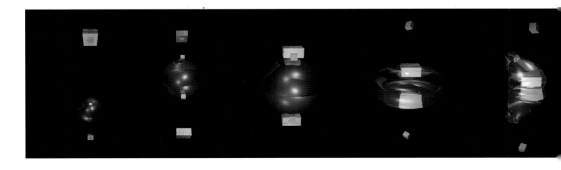

Assistent | Assistant
Jonas Luther

Zur Jahrtausendwende rief die New York Times zu einem Wettbewerb für eine Zeitkapsel auf, die das Archivmaterial der letzten tausend Jahre enthalten und selber für die nächsten tausend Jahre in New York bestehen bleiben soll. Der Vorschlag von Dagmar Richter basiert auf der Annahme, daß sich das nächste vom vorigen Jahrtausend in fundamentaler Hinsicht unterscheiden wird. Strenge Rechtwinkligkeit als Symbol für das universale und lineare Denken des letzten Jahrtausend und eine „flüssige" Form als Symbol für gesellschaftliche, technologische und biologische Entwicklungen, die auf Verschmelzung, Komplexität und Nichtlinearität drängen, treffen aufeinander. Eine in Glas gegossene Tropfenform umschließt einen Kubus aus Metall, der wiederum aus mehreren halben Würfeln besteht, in denen sämtliche Dokumente und Materialien gespeichert werden. Ihre Größe ist – abhängig von den Inhalten – noch variabel, Proportion und Ausführung sind festgelegt. Sie sind luft- und wasserdicht, ausgekleidet mit Glas und gefüllt mit Stickstoff. Eine ausreichend dicke Wand beschützt sie auf Jahrhunderte vor äußeren Einflüssen.

Die gläserne „flüssige" Form, die die Würfel von außen umhüllt, ist eine kontinuierliche glatte Fläche, die lediglich durch eine große Schraube an ihrer unteren Seite und durch eingravierte Botschaften auf den Zweck und die Instruktionen für das Wie und das Wann der Öffnung der Zeitkapsel hinweisen.

For the turn of the millennium, the New York Times announced a competition for a time capsule that would contain archival material from the course of the previous millennium, and would remain in existence in New York for the coming thousand years. Dagmar Richter's proposal was based on the assumption that the approaching millennium will differ from the preceding in fundamental respects. Strict rectilinearity, symbolic of the universalistic and linear thought of the last millennium, is confronted with a "fluid" form, symbolic of social, technological, and biological developments that compel fusion, complexity, and non-linearity. A cast glass rain-drop form contains a metal cube, consisting of many half-cubes, in which all of the documents and materials will be stored. Its size is still variable (depending upon its contents), while proportions and execution is already fixed. It is air- and water-proof, faced with glass, and filled with nitrogen. The walls are thick enough to protect against outside interference for centuries.

The glass "fluid" form, the cube's external shell, is a continuous smooth surface, making clear references with a large bolt on its underside, and with engraved messages, to its purpose and to the instructions for the How and When of its intended opening.

A second smaller cube of approximately thirty cubic centimeters will also "float" in the interior of the glass capsule. It contains the greatest possible

Die Zeitkapsel symbolisiert durch die statische Würfelform und die dynamische Sphärenform das Aufeinandertreffen zweier grundverschiedener Ordnungssysteme, stellvertretend für das vorige und das künftige Jahrtausend.

Through static cubic and dynamic spherical forms, the time-capsule symbolizes the mutual confrontation of fundamentally different systems of order, representing the preceding and the coming millenniums, respectively.

Beim Plazieren der halben Metallwürfel im großen Container wird jeweils die Luft durch Stickstoff ersetzt, und ein Pfropfen in Form einer großen Schraube, die mit Trockeneis gekühlt wurde, verschließt mit wenig Leim den einzelnen Würfel.
In diesem Moment wird der Pfropfen die gleiche Temperatur haben wie das umgebende Metall und die ganze Sammlung der einzelnen Würfel wird dicht geschlossen sein.

When the halves of the metal cube are placed in their large container, the air will be replaced with nitrogen, and a stopper in the form of a large bolt, cooled with dry ice, will seal the individual cube with a small amount of glue. At this moment, the stopper would have the same temperature as the surrounding metal, and the entire ensemble of the individual cubes will be tightly sealed.

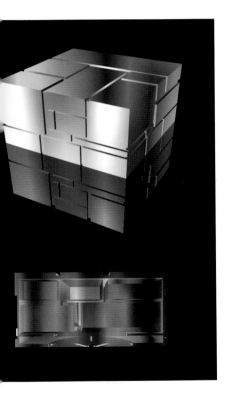

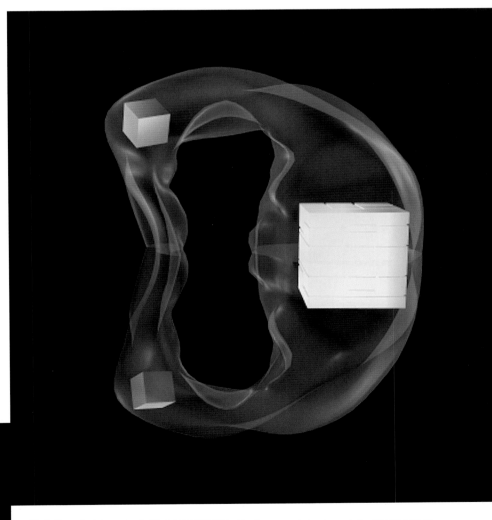

Die Zeitkapsel wird gespiegelt. Die aus gegossenem Glas bestehende „flüssige" Form umschließt als Symbol des nächsten Jahrtausends den großen und den kleinen Würfel, die die Dokumente und Materialien des vorigen enthalten.

The time-capsule is mirrored. The "fluid" form of glass, symbol of the coming millennium, contains the large and small cubes, themselves containing documentation and materials from the preceding one.

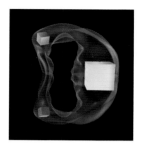 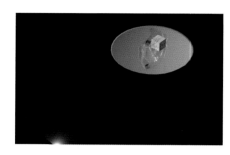

Ein zweiter kleinerer Würfel von ungefähr dreißig Kubikzentimetern wird ebenfalls im Innern der Glaskapsel „schweben". Er enthält die größtmögliche Anzahl von Haaren New Yorker Bewohner als eine DNS-Arche Noah von New York.

Weil es im Computerzeitalter nicht mehr nötig ist, großartige Baudenkmäler als Archive für das gesammelte Material zu bauen, wird die „Original"-Kapsel als Zeichen in einen in die Erde des Central Park eingegrabenen ovalförmigen Raum plaziert, der innen völlig verspiegelt ist und die Kapsel optisch verdoppelt. Ein Rundfenster aus gehärtetem, kratzfestem und reflexionsfreiem Glas mit über zwei Metern Durchmesser ermöglicht von oben Einblick auf die Zeitkapsel. Darüber hinaus gibt es formidentische Miniaturkapseln, die sämtliche verfügbare Informationen des letzten Jahrtausends auf HD-Rosetta Disketten umschließen und an verschiedenen öffentlichen Orten ausgestellt werden können. Kopien der Disketten gehen an die New York Times, das Museum of Modern Art, die Vereinten Nationen und andere repräsentative Institutionen des öffentlichen Lebens.

quantity of hair from New York residents as a DNA "Noah's Ark" from the city.

Since in the computer age it is no longer necessary to build grand memorials as archives for collected materials, the "original" capsule will be buried, as a token, in an oval-shaped cavity in the earth in Central Park, its interior is fully mirrored, visually doubling the capsule. A round window of hardened, scratch-proof, reflection-free glass with a diameter of over two meters will make possible views of the capsule from above. In addition, there is a miniature capsule, identical in form, encompassing the total available information from the past thousand years on HD-Rosetta Disks, which can be exhibited at various public places. Copies of these disks will be sent to the New York Times, the Museum of Modern Art, the United Nations, and other representative institutions of public life.

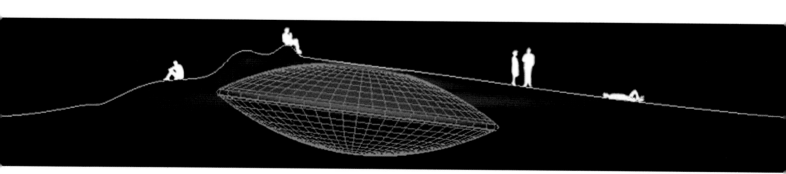

Die Zeitkapsel befindet sich in einer ebenfalls luft- und wasserdichten Schale aus Beton, die im Central Park eingegraben werden soll und einen kleinen Hügel zum Sonnen und Picknicken bildet.

The time capsule is contained in an air- and water-proof concrete shell, to be buried in Central Park, forming a small hill upon which one can take the sun or picnic.

Die Kapsel soll an einer bestimmten Stelle im Central Park eingegraben werden, die es erlaubt, von verschiedenen Höhen und Winkeln durch das Fenster nach unten zu schauen.

The capsule would be buried at a certain location in Central Park, allowing it to be viewed below through a window from various heights and angles.

Auch bei den Miniaturkapseln, Kopien des Originals, entsteht beim Betrachten der Glaskapsel unter einem bestimmten Winkel der Eindruck, sie schwebe im Raum.
Durch die völlige Verspiegelung im Innern der Schale kann eine Person virtuell durch das Bild wandern, ohne körperlichen Kontakt zu haben.

Also with the miniature capsules, copies of the original, the impression that it floats in space is produced by viewing it from a certain angle. Through this total mirroring of the shell's interior, it is possible to wander in virtual terms through the image, without making physical contact.

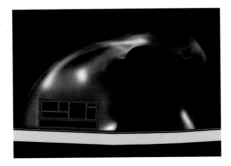

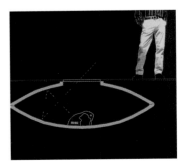

Forschungsstudie Wolfen-Nord
Research Study for Wolfen-Nord

Assistent | Assistant
Jonas Luther

Von dem Zusammenbruch der Chemie- und Kohlein-dustrie nach der Wiedervereinigung ist auch Bitter-feld-Wolffen in Sachsen-Anhalt betroffen. Die Platten-bau-Siedlung Wolfen-Nord, für die 35.000 Menschen aus angrenzenden Dörfern umgesiedelt wurden, war eine Wohnmaschine für Arbeiter, ohne besondere soziale Einrichtungen. Einzig Kollektivgaragen und kleine Schrebergärten waren den Bewohnern vom Staat der DDR zugestanden worden. Der plötzliche Sprung vom Eisenzeitalter zum elektronischen Zeit-alter hat zu einer Arbeitslosigkeit von 55% geführt; die Einwohnerzahl ist auf 24.000 gesunken.

Ausgehend von der Überzeugung, daß gegen sozia-listische Wohnmaschinen kein formalistischer Städte-bau hilft, der alte Gegensätze re-etabliert, sind vom Studio Dagmar Richter zunächst eingehende Untersu-chungen über das bestehende Potential und die Mög-lichkeiten des Gebietes vorgenommen worden. Mit Hilfe von dreidimensionalen Diagrammen, die als eine Art „Datenlandschaft" sowohl Analyse als auch Ent-wurf sein können, werden neue Strukturen vorgeschla-gen, die sich in Bestehendes einflechten und sowohl punktuell als auch flächig durch Neuarrangement oder Verstärkung intervenieren. Dabei soll die Situation einer perpipher gelegenen Siedlung nicht ignoriert werden.

Infrastrukturelle Schleifen sollen dezentrale Muster von Konsum und Produktion in einem Netz-werk von kurzfristigen und langfristigen Aktivitäten erzeugen. Die Diagramme verstehen sich als geistige Karte und nicht als Architektur. Sie sind politisch gemeint und sollen helfen, den Kontext neu zu inter-pretieren. Sie beziehen sich auf Verkehr, Umweltver-schmutzung, Aktivitäten, Landschaft und Architektur. Durch Morphing, Kopieren, Überlagern und Trennen wird das Gebiet als Text neu editiert, seine Potentiale zur Diskussion gestellt. Das Forschungsprojekt Wol-fen-Nord ist kein Städtebauplan, sondern ein Vor-schlag für neue Planungsmethoden, die auf neuen Darstellungsmitteln basieren.

Bitterfeld-Wolfen in Saxony-Anhalt was also affected by the collapse of the chemical and coal industries after reunification. The pre-fabricated apartment-block settlement of Wolfen-Nord, where 35,000 people were resettled from nearby villages, was a machine-for-living for workers, lacking in social facilities. Only collective garages and small garden allotments were made available to its residents by the GDR gov-ernment. The sudden leap from the Age of Iron to the Age of Electronics led to unemployment rates of up to 55%, while the population has been reduced to 24,000.

Starting from the conviction that formalistic city planning, trying to re-establish the old oppositions, is powerless in the face of such socialist "machines for living", the Studio of Dagmar Richter began by under-taking a detailed investigation of the area's existing potentials. Via three-dimensional diagrams, serving as a sort of "data-landscape" that may be analysis as well as design, new structures are proposed that are woven into the existing ones, intervening both at localized points as well as over larger surfaces, through new arrangements or via concentration and reinforcement. The project argues that the situation of such communities at the periphery are not to be simply ignored.

Infrastructural loops would create decentralized models of consumption and production within a net-work of both short- and long-term activities. The dia-grams are conceived as mental maps, and not as archi-tecture. They are intended politically, and are to be used in interpreting the context in a new way. They pertain to traffic, environmental pollution, activities, landscape, and architecture. Through morphing, copy-ing, overlapping and divisions, the area is newly edit-ed like a text, its potential raised in discussion. The research project for Wolfen-Nord is not urban plan-ning, but a proposal for new planning methods, based on new media of presentation.

Die Siedlung Wolfen-Nord, so wie sie heute aussieht.

The settlement at Wolfen-Nord, as it appears today.

Diagramm als Analyse:
topographische Darstellung des bestehenden Potentials.

Diagram as analysis:
topographic representation of existing potential.

Grünflächen und Fußgängerwege
Green areas and pedestrian paths

Bewohnerdichte
Population density

Aktivitäten rund um die Garagen
Activities around the carports

Einfluß des öffentlichen Programms
Consequences of the public program

Supermarktzonen
Supermarket areas

Die „infrastrukturelle Schleife" ergibt sich aus dem Negativbild der Überlagerung der topographischen Diagramme, abzüglich des Wegediagramms. Es stellt somit die Bereiche ohne Potential dar und ist die Basis für einen möglichen Entwurf.

The "infrastructural loop" is the negative of the superimposition of all diagrams (except the path diagram). It hence shows the areas without potential and forms the basis of a design.

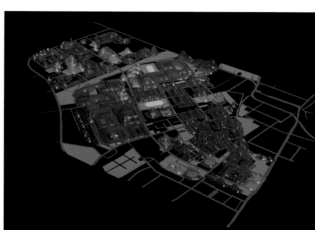

Überlagerung sämtlicher topographischer Diagramme, Mai 1999.
Superimposition of all topographical diagrams, May 1999.

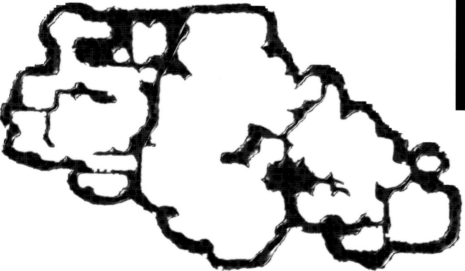

Ausschnitte der „infrastrukturelle Schleife" werden differenziert bearbeitet und mit neuen Infrastrukturen versehen, die von den Bewohnern programmatisch aktiviert werden können. Es handelt sich um temporäre und dynamische Diagramme, das heißt, es sind Vorschläge und keine Städtebaupläne.

Sections from the "infrastructural loop" were dealt with in detail and given new infrastructural which can be programmatically activated by the residents. The diagrams are temporary and dynamic, they are thus proposals and no urban design schemes.

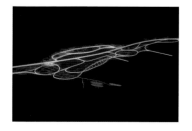
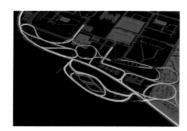
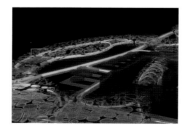
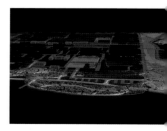

Diagramm als Analyse:

[KUNST UND TECHNIK]EV

Berlin

Um der Auseinandersetzung mit Berliner Blockrändern und Traufhöhen zu entgehen, beschließt im Winter 1996/97 eine Gruppe Architekten, zusammen mit Künstlern und Designern den Verein [kunst und technik]ev zu gründen, der ohne disziplinarische Einschränkungen und wie in einem Labor neue Grenzgebiete zwischen Räumen, Personen und Disziplinen erforschen will. Nicht nur der Name der Gruppe erinnert an Organisationen wie die 1967 in New York gegründete Experiments in Art and Technology (EAT) oder das Center for Advanced Visual Studies (CAVS), sondern auch das antiautoriale Programm und die optimistische Haltung zur Technologie, die ohne Glorifizierung auskommt. Eine übergeordnete verbindliche Theorie gibt es nicht, der Ansatz von [kunst und technik]ev ist strategisch, mit dem einzelnen Projekt als eine Art Reaktor im Zentrum. Die Überlagerung und Konkurrenz realer und virtueller Räume ist das Feld, die Erforschung ihrer Zugänglichkeit, Verschaltbarkeit und Nutzbarkeit selbst für die subtilsten Formen der Kommunikation das Ziel von [kunst und technik]ev.

Das erste der Projekte ist der Ort selbst, wo [kunst und technik]ev arbeitet. Bis zu Beginn des Jahres saßen sie zur Miete in einem ehemaligen Tierstall der Charité, mitten in Berlin, zwischen Monbijoupark, Museumsinsel, Szenekneipen, Galerien, Straßenstrich, Touristen, Synagoge. Die eingeschossige Baracke bot Raum für einen großen Arbeitsraum, verschiedene Ausstellungsflächen und eine Bar, die zusammen mit den stattfindenden Events für Publikum und Initiativen von außen gesorgt hat. Da jedoch kein Projekt ewig währt, und schon gar nicht ein Mietvertrag für eine Altbaubaracke, haben die Mitglieder von [kunst und technik]ev nach ihrem Umzug beschlossen, sich fortan mit den Möglichkeiten des mobilen Büros zu beschäftigen.

Lokal in Berlin und global im Netz: die neuen Formen des informellen Austauschs der Handy- und Internet-Generation stellen eher eine Neuinterpretation des Lebensgefühls des Benjaminschen Flaneurs dar, für den die moderne Großstadt „bald Landschaft, bald Stube" ist. Nur daß das traumhafte Wandeln durch die sich konstruktiv auflösenden Passagen dem schnellen Wechsel zwischen Kanälen gewichen ist, mit dem eigenen Körper als einzig verläßlicher Schnittstelle zum Raum.

Der virtuelle Raum ist kein Mysterium oder „eine bloß phantastische Welt", sondern kann und muß architektonisch erforscht werden. „Gelten dort die gleichen Gesetze wie im realen Raum? Kann ich nicht, wenn ich nach rechts gehe, auf einmal in dem Raum sein, den ich gerade verlassen habe? Oder können sich Räume verdoppeln, wenn ich sie betrete?" Solche Fragen sind auch für [kunst und technik]ev noch Zukunftsmusik. Im Mittelpunkt ihrer Projekte steht nicht das Abtauchen in den virtuellen Raum, sondern die ergänzte Wahrnehmung der Realität mittels technologischer Umgebungen. So wie die Alltagsgeräte Telefon und Fernseher schon längst gelehrt haben, wie man zusätzlich zum realen Raum einen virtuellen Raum erleben oder beliebig zwischen beiden „switchen" kann, sollen viele Projekte von [kunst und technik]ev die Möglichkeiten des simultanen Gebrauchs mehrerer Räume oder Bereiche experimentell erforschen. Technologie kann dabei eine kreative oder verstärkende Rolle spielen wie zum Beispiel beim Projekt [multi mind], das als Prototyp erweiterter Wahrnehmung verstanden wird, der ähnlich wie moderne Software seine Leistungsfähigkeit erst am Nutzer erproben kann, weil selbst das avancierteste Labor nicht sämtliche Eventualitäten voraussehen kann. Interaktivität wird häufig als Emanzipation der Nutzer durch Partizipation verstanden, jedoch enthält es genauso das Potential, auf den Nutzer als Testperson und Ko-Entwickler zurückzugreifen.

Der Verzicht auf ideologische Formeln wie „Demokratisierung der Kunst" oder „Kunst = Leben" unterscheidet die neuen interaktiven Gruppen von ihren Vorgängern aus den sechziger Jahren. Genauso ist auch das Verhältnis zur Technologie pragmatischer. Ihr Einsatz ist nicht zwingend; Projekte wie [flussbad] oder [mmm], eine Aufstockung eines Münchener Mietshauses mit Penthouse-Wohnungen, kommen ganz ohne High-Tech aus. Weil aber die virtuellen Welten mit der Nachbildung konventioneller Räume enttäuschen, liegt die Zukunft in der Erprobung noch nie zuvor gesehener Räume im Cyberspace und deren Übergänge zum realen Raum.

In order to escape the dealing with Berlin's city-block structures and eaves-heights, a group of architects, together with artists and designers, resolved in winter 1996/97 to found the association [kunst und technik]ᵉᵛ (art and technology), committed to the laboratory-style investigation of novel border zones between spaces, persons, and disciplines, rather than to following disciplinary confines. Not only the group's name recalls groups such as Experiments in Art and Technology (EAT), founded in 1967 in New York, or the Center for Advanced Visual Studies (CAVS), but also their anti-authorial program and the optimistic attitude towards technology, having, however, no use for its glorification. There is no overarching binding theory, and the point of departure for [kunst und technik]ᵉᵛ is strategic, with the individual project always at the center, acting as a kind of reactor. The superimposition and competition of actual and virtual space constitutes the field of [kunst und technik]ᵉᵛ's activities, and their goal is to investigate their accessibility, connectability, and usability even for the most subtle forms of communication.

The initial element of their project is the site where [kunst und technik]ᵉᵛ work. Until the beginning of the year, they leased space in a former animal stable of the Charité clinic at the center of Berlin, near Monbijou Park, Museums Island, trendy bars and cafes, art galleries, streetwalkers, tourists, and the Synagogue. The single-story shed offered place enough for a large work-room, various exhibition spaces, and a bar, which together with various events provided contact with the public and for initiatives from without. Since no project lasts forever, especially not with a rental contract for an old shed, the members of [kunst und technik]ᵉᵛ decided immediately, upon their change of residence, to take up the possibilities of the mobile office.

Locally in Berlin and globally in the Net: the new forms of informal exchange among the cell-phone and Internet generation represent a new interpretation of the sensibility of Walter Benjamin's flaneur, for whom the modern metropolis was "now landscape, now parlor". Only today, the dreamy stroll through constructively self-dissolving passages gives way to rapid switches between channels, with the body as the only remaining reliable interface with real space.

But virtual space is, finally, no mysterium or "mere fantasy world", but can and must be architecturally investigated. "Are the same laws valid there as for real space? If I turn right, might I end up suddenly entering the room I have just exited? Or can rooms double themselves when I enter them?" Such questions are still dreams of the future for [kunst und technik]ᵉᵛ as well. At the center of the projects stands not emergence into virtual space, but expanded perception of reality by means of the technological environment. As everyday devices like the telephone and television taught us long ago how to experience a virtual space next to actual space, or to switch at will between the two, many of the projects of [kunst und technik]ᵉᵛ are intended to experimentally investigate the simultaneous use of many spaces or realms. Technology can play in this regard a creative or enhancing role, as for example with the project [multi mind], which should be understood as a prototype for extended powers of perception, and whose performance possibilities are, as with contemporary software, only fully testable by the user, since even the most advanced laboratory cannot foresee all eventualities. Interactivity is often understood as the emancipation of the user through participation, yet it also contains the potential to exploit the user as a guinea pig and co-developer.

The renunciation of ideological formulas such as the "democratization of art" or "Art = Life" distinguishes the new interactive groups from their predecessors in the 1960s. In the same way, their relationship to technology is more pragmatic. Its introduction is not compulsory, and projects such as [flussbad] or [mmm], the addition of a new story to a Munich apartment building with penthouse units, make no use of high-tech procedures. Because, however, these virtual worlds can only disappoint where they reproduce conventional spaces, the future lies in the testing of as-yet-unvisualized spaces in Cyberspace and their transitions of the real space

[multi mind]

Verfasser | Author:
Jan Edler
Tim Edler
Ajoy Misra

**Programmierung |
Programming:**
Tobias Herre
Oliver Lietz
Werner Hamann

Mitarbeit | Collaboration:
Margret Becker
Gunther Bürkle
Kai Dolata
Robert Hamann
Marcus Klinkusch
Stephanie Theurer
Stefan Vogel
Birgit Wienke

www.multi.mind.de

Auf der Triennale der Photographie in den Hamburger Deichtorhallen wurde im Sommer 1999 das Projekt [multi mind] in Assoziation zu den Ausstellungen „Digitale Fotografie" und „Wohin kein Auge reicht" (Arbeitstitel: „Ich sehe was, was Du nicht siehst") präsentiert. Als Forschungsinstallation setzt es sich sowohl mit der Frage der Bildherstellung und -vervielfältigung als auch mit der Möglichkeit zusätzlicher peripherer Wahrnehmung auseinander. [multi mind] besteht aus 16 stationären und 16 mobilen, miteinander über ein Funkdatennetz vernetzten Computern. Die stationären Computer sind im Foyer der Ausstellungshalle an einem Aluminiumträger aufgehängt, die mobilen Computereinheiten werden ebenfalls im Foyer an Besucher kostenfrei verliehen. Sie können wie ein Rucksack getragen werden und bestehen aus einem Notebook, einer kleinen Digitalkamera und einem Mini-TFT-Display. Jede Einheit besteht somit aus im Handel erhältlichen elektronischen Geräten und wiegt insgesamt sechseinhalb Kilogramm.

Die Daten der Digitalkamera auf der Schulter werden von einem Zentralrechner verwaltet, der sie für alle anderen Teilnehmer von [multi mind] verfügbar macht. Wer die Ausstellung betritt, empfängt zunächst die Videodaten des nachfolgenden Teilnehmers auf dem eigenen Monitor, nach einigen Minuten kann er jedoch zwischen allen anderen frei wählen.

In summer 1999, the project [multi mind] was presented at the Photography Triennale in Hamburg's Deichtorhallen, in association with the exhibitions "Digital Photography" and "Where Eyes Cannot Reach" (working title: "I spy with my little eye". As a research installation, it dealt with the production of images and their reproduction, as well as with the possibility of additional peripheral perception. [multi mind] consisted of 16 stationary and 16 mobile computers, connected through a radio data-network. The stationary computers were located in the foyer of the exhibition hall, hanging from aluminum brackets. The mobile computer units were also located in the foyer, and were lent out free of charge to visitors. They were carried like knapsacks, and consisted of a notebook, a small digital camera, and a mini-TFT-display. Each set was comprised of commercially available electronic equipment, and weighed altogether 6 1/2 kilograms.

Data from the digital shoulder cameras was transmitted to a central computer and made accessible to all participants of [multi mind]. Upon entering the exhibition, the visitor would at first view the video data of the succeeding participant on his/her own monitor, and after a few minutes could then choose freely among the others.

Im Foyer befindet sich die Geräteausgabe und die stationären, aufgehängten Rechner, die immer, wenn eine mobile Einheit ausgeliehen wird, nach unten ausgefahren werden und zusammen die Momentaufnahme eines Ausstellungsrundgangs darstellen.

The foyer is the distribution point for equipment. Here also are located stationary, suspended computers that are lowered whenever a mobile unit is loaned out, displaying snapshots of the exhibition route.

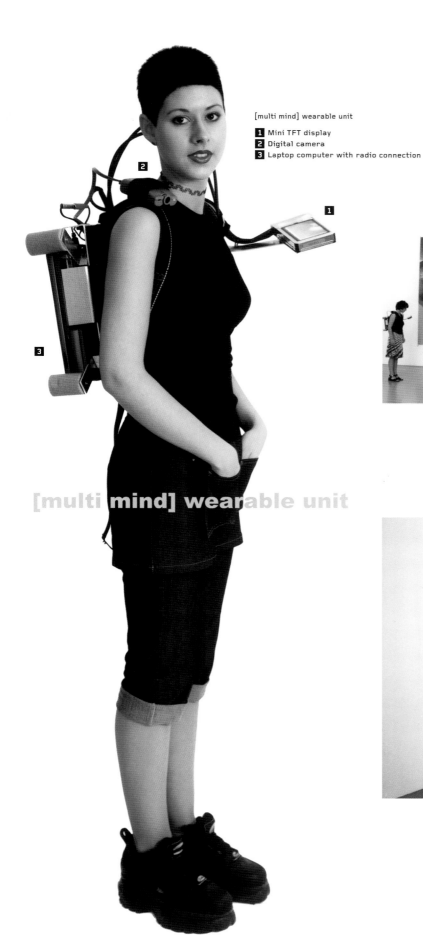

[multi mind] wearable unit

1 Mini TFT display
2 Digital camera
3 Laptop computer with radio connection

[multi mind] wearable unit

Simultane Wahrnehmung: Photo, Display und Face-to-Face.
Der Umschaltknopf zur Senderwahl befindet sich am linken Gurt.

**Simultaneous perception: photo, display, and face-to-face.
The shift button for selecting programs is on the left
waistband.**

Im Reich der digitalen Bilder: Eine Fernsehkamera nimmt ein Bild
auf, es wird bearbeitet und ausgestrahlt, dann abphotographiert,
bearbeitet und ausgestellt, dann gefilmt, bearbeitet und....

**In the realm of digital images: a television camera takes a
picture, which is then processed and projected, then again
photographed, processed and exhibited, then filmed,
processed, and....**

[lichtwaage]

Verfasser | Author:
Rainer Hartl
Martin Janekovic
Uwe Rieger
Helle Schröder

Die Rauminstallation [lichtwaage] ist ein Beispiel für die Konstruktion eines Raumes durch projizierte Lichtbilder, in dessen Dimensionen man sich nicht verliert, weil man durch ein materielles, sich bewegendes Objekt – die Lichtwaage – wieder auf die menschliche Wahrnehmung und den menschlichen Körper zurückgeführt wird.

Die Lichtwaage ist ein 10,8 m langer, allseits umspannter Träger, der asymmetrisch auf einem Punktlager gelagert und frei im Raum beweglich ist. Zahlreiche Projektoren werfen CAD-Bilder auf schwarze Gaze, die in verschiedenen räumlichen Ebenen in und auf dem Träger gespannt ist. Solcherart überlagert und vervielfältigt, erzeugen die zum Teil zusammengehörigen Bilder einen virtuellen Lichtraum, in dem der Betrachter sich wie in einer CAD-Konstruktion fühlt. Je nach Bewegung der Lichtwaage erscheinen die Bilder gegeneinander verschoben oder in exakter Übereinstimmung. Die Lichtwaage bewegt sich in sanften Schwingungen und gibt so dem Raum Dimension.

The spatial installation [light scale] is an example of the construction of a space through projected light images, in whose dimensions, however, one is prevented from becoming disoriented by the material, self-moving object of the "light scale" itself, which brings one continually back to human corporeality and perception.

The light-scale is a 10.8 meter long girder, rotating in all directions, and mounted asymmetrically on a single-point support, moving freely in space. Numerous projectors throw CAD images on black gauze which is stretched through various spatial levels in and out of the girder. Superimposed and multiplied in this way, the to some degree interrelated pictures produce a virtual light room, in which the viewer has the sensation of being within a CAD construction. Depending upon the movements of the light scale, the images appear either to displace one another or to be in precise coordination. The light scale moves in gentle oscillations, thereby giving the room spatial dimension.

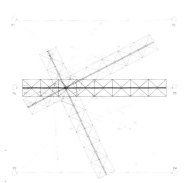

Draufsicht der um 360° schwenkbaren Lichtwaage und Standorte der Projektoren.
Top view of the by 360° swiveling light scale with location of the projectors.

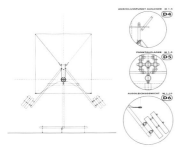

Querschnitt mit Konstruktionsdetails.
Cross section with details of construction.

Blick in die Lichtwaage bei Tageslicht.
View into the light scale by daylight.

Bei Bewegung löst sich das Objekt in ineinander verschmelzende Bildprojektionen auf

Through motion, the object is lost in the fusion of interpenetrating projected images.

Bei Stillstand erscheint die Lichtwaage selbst als Lichtobjekt.

When motionless, the light scale itself takes on the appearance of a light-object.

Die wie technische Zeichnungen aussehenden CAD-Bilder verstärken die filigrane Konstruktion der Lichtwaage und unterstützen so den Eindruck eines CAD-Raums.

The CAD images, resembling technical drawings, strengthen the filigree construction of the light scale and support the impression of a CAD room.

Mehrere Projektoren und die unterschiedliche Spannung des Gazestoffes erzeugen Überlagerung und Vervielfältigung der Bilder.

The numerous projections and the variety of ways in which the gauze is installed produce the superimposition and multiplication of images.

[flussbad]

Berlin

Verfasser | Author:
Tim Edler

Allgemein stehen die Mitglieder von [kunst und technik]ᵉᵛ den aufgeregten Debatten um die Berliner Mitte und ihre neuen / alten repräsentativen Bedeutungen skeptisch gegenüber. Architektonische Medien müssen genauso wie technische mit Funktionen und Bedeutungen gefüllt werden, die „gegenwarts- und gebrauchsbezogen sind".

Der Kupfergraben ist der südlich der Museumsinsel gelegene Spreearm, der gegen Ende des 19. Jahrhunderts für den Schiffsverkehr gesperrt wurde und seitdem funktionslos ist. [kunst und technik]ᵉᵛ schlägt vor, den 700 m langen Kupfergraben als Freibad zu nutzen. Erstens gibt es in den Bezirken Mitte und Prenzlauer Berg keine Freibäder und nutzbaren natürlichen Gewässer, zweitens wird damit ein vielfältiger öffentlicher Raum möglich, und drittens erhält die sowieso langfristig erstrebenswerte Reinigung städtischer Fluß- und Seengewässer auf diese Art einen ersten Anschub. Gedacht ist an ein Schwimmbecken, bei dem der sportliche Charakter dominiert. Als Tribüne fungiert das zur Treppenanlage umgestaltete Lustgartenufer. Sonstige bauliche Maßnahmen sind auf das Nötigste reduziert. Eine kleine Umkleidekabine im Sockel des Lustgartens hat Einzelkabinen, die zugleich Dusche und Umkleide sind. Außerdem gibt es erweiterbare Steganlagen zu Wettkampfzwecken und eine zusätzliche Wehranlage an der Einmündung des Kupfergrabens, um den Rückfluß von unbehandeltem Spreewasser zu vermeiden. Das Anliegen, leicht zugängliche Kommunikationsräume zu schaffen, beschränkt sich nicht nur auf die Vermittlung durch neue Technologien.

In general, the members of [kunst und technik]ᵉᵛ regard with skepticism the intense debates over Berlin "Mitte" and its present and former public and symbolic significance. Architectural, like technological media must be filled with function and significance, and must be "related both to contemporary realities and to practical use".

The Kupfergraben is the arm of the Spree River lying to the south of Museum Island. It was closed to boat traffic toward the end of the 19th century and has remained without function since. [kunst und technik]ᵉᵛ proposed using the 700 meter long Kupfergraben as a swimming pool. First of all, there are no outdoor public pools in the districts of Mitte and Prenzlauer Berg, and no useable natural bodies of water, and second, the plan would make possible a multi-use public space. Third, the longterm and worthwhile project of purifying the city's rivers and lakes would thereby receive an initial impetus. Planned is therefore a swimming pool with emphasis on sport activities. The banks of the Pleasure Garden, converted to a staircase, would serve as a sitting area. Other construction measures would be reduced to a necessary minimum. The base of the Pleasure Garden would contain cubicles serving as both showers and changing rooms. In addition, there would be extendible diving boards for swimming contests, and a supplementary weir at the mouth of the Kupfergraben, to prevent the reflux of untreated Spree water. This project demonstrates that the ambition to create easily accessible spaces of communication hardly confines itself to the resources offered by new technologies.

Rückerinnerung an Zeiten, als das Baden in der Spree noch möglich war.

Reminiscences on times when bathing in the Spree was still possible.

Blick von eiserner Brücke auf die neue Treppenanlage am Lustgarten und am Alten Museum, die als Tribüne bei Schwimmwettkämpfen dient.

View from the Iron Bridge onto the new staircase adjoining the Pleasure Garden and the Altes Museum, serving as a grandstand for swimming contests.

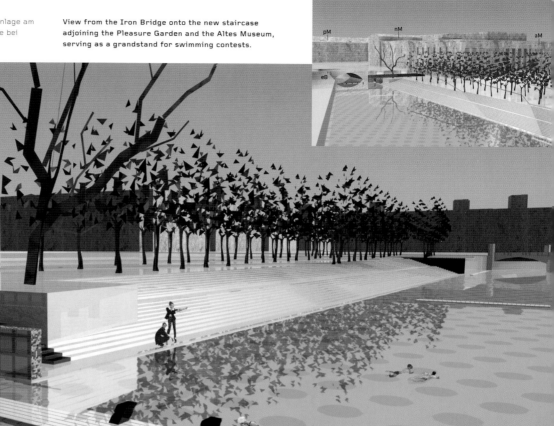

Städtebauliche Situation des Kupfergrabens südlich der Museumsinsel: hinter der Umkleide das Alte Museum, links daneben das Neue Museum, hinter dem Lustgarten der Dom.

Location of the Kupfergraben to the south of Museum Island, seen in the urban context: behind the changing rooms is the Altes Museum, to the left, the New Museum, and behind, the Pleasure Garden in front of the Cathedral.

Die Umkleideanlage besteht aus zwei Reihen von Einzelkabinen und einer Reihe von Kleiderschließfächern.

The changing area consists of two rows of single cubicles and a row of lockers for clothing.

Zentrum der Tierzucht
Center for Livestock Breeding

Hannover | Verden

Verfasser | Author:
Uwe Rieger
Volker Seifried
Ravenstein Brain Pool

In Arbeitsgemeinschaft mit der Mediaagentur Ravenstein Brain Pool aus Berlin entwickelte [kunst und technik]ᴱⱽ die Ausstellung verschiedener Züchterorganisationen aus Verden für die EXPO 2000 in Hannover. Zentrales Element sind die sogenannten [360°] Lichtzellen. Jede Lichtzelle ist eine digitale Informationseinheit, bestehend aus Projektor, Rechner, 360°-Schwenkarm, Taster und Projektionstafel. Der Kreisumfang des Schwenkarms bestimmt den Raum der jeweils fünf Lichtzellen, die den Themen Forschung, Zucht, Verbände, Ökonomie, Kultur zugeordnet sind. Die auf die Tafel projizierten Daten sind ortsgebunden und verändern sich synchron mit deren Position im 360°-Radius. Als Hintergrundbild erscheint auf der Tafel immer ein Ausschnitt eines 360°-Panoramabildes, dessen Informationen durch Schwenken der Tafel erweitert und durch Vor- und Zurückschieben vertieft werden. Darüber sind spezifischere Informationen in Form von Grafiken und Bildern zum Thema gelagert. Um Orientierung über diese Positionen zu erlangen, befinden sich zusätzlich im Raumumfang jeder Lichtzelle aufgeständerte Themenobjekte; sie fungieren wie Kapitelüberschriften in einem Buch, durch das man sich frei und dezentral bewegen kann.

Der zellenförmige Raum, in dem sich die fünf Lichtzellen befinden, ist als Dunkelkammer ausgebildet. Gleichwohl werden die Wände und Eingangstüren ebenfalls als mediale Vermittler genutzt. Innen sind die aus Holzelementen gefertigten Wände mit Tafellack beschichtet, auf die mit Leuchtkreide gezeichnet oder geschrieben werden kann (der untere Meter gehört den Kindern). Außen ist die Holzkonstruktion hinter einer Hülle aus Gaze-ähnlichem Stoff sichtbar. Zusätzlich zu mehreren beleuchteten Displays zwischen Konstruktion und Hülle können sich über Bedruckungen die verschiedenen Partner aus dem Bereich der Tierzucht darstellen.

In a working-group with the media agent Ravenstein Brain Pool from Berlin, [kunst und technik]ᴱⱽ developed an exhibition of various breeding organizations from Verden for the EXPO 2000 in Hannover. A central aspect is the so-called [360°] light-cells, i. e. digital information units consisting of a projector, calculator, 360°-swivel, sensor, and projection screen each. The circumference of the swivel determined the space of each of the five light-cells, organized according to the themes: research, breeding, associations, economics, and culture. The data projected onto the screens were determined by location, changing in synchronization according to their position within a 360° radius. As background image, a detail of a 360° Panorama picture appeared constantly on the screen, its visual information extended by the swiveling of the screen and deepened by moving backward and forward. In addition, more specific visual information was displayed in the form of graphics and paintings. In order to facilitate the visitor's orientation among these positions, theme-objects were also installed within the spatial range of the light-cells; they functioned like chapter headings in a book, among which one might move in a free and decentralized manner.

The cell-shaped room in which the five light cells are contained was outfitted like a dark room. The walls and entryways are thus also used as bearers of media information. Within, the walls, constructed of wooden elements, are coated with blackboard varnish, upon which the fluorescent chalk could draw or write (the lowest meter belonged to the children). Without, the wood construction is visible behind a wrapping of gauze-like material. In addition to many illuminated displays between this structure and the gauze-like layer, the various animal breeding partners can be displayed above printed material.

Schwenkarm mit Projektionstafel und Testprojektion. Jede Tafel mißt 1,65 x 2,20 m und besteht aus Plexiglas mit einer Spezialfolie.

Swivel arm with projection screen and test projection. Each screen measures 1.65 x 2.20 meters and consists of plexiglass with a special foil covering.

Simulation vom Innenraum mit den fünf „Lichtzellen".

Simulation of the interior with the five "light cells".

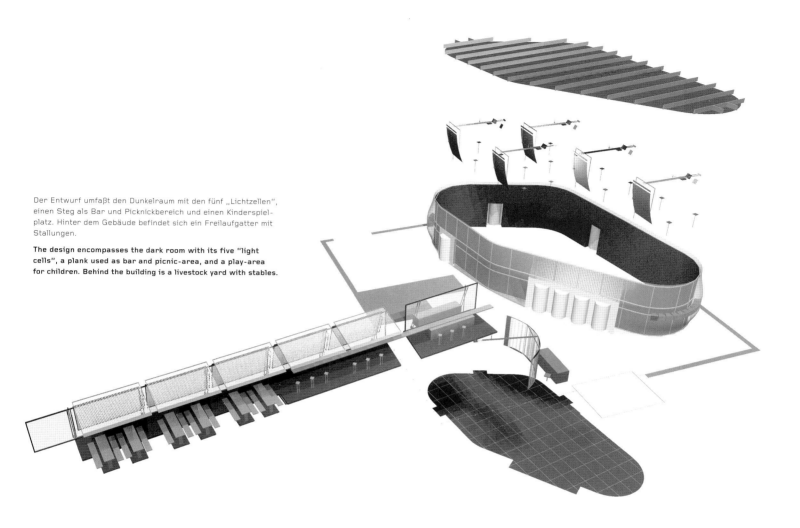

Der Entwurf umfaßt den Dunkelraum mit den fünf „Lichtzellen",
einen Steg als Bar und Picknickbereich und einen Kinderspiel-
platz. Hinter dem Gebäude befindet sich ein Freilaufgatter mit
Stallungen.

**The design encompasses the dark room with its five "light
cells", a plank used as bar and picnic-area, and a play-area
for children. Behind the building is a livestock yard with stables.**

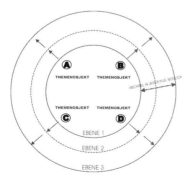

Orientierungsdiagramm für eine „Lichtzelle" mit vier
Themenobjekten: durch Schwenken der Tafel erweitert man
Daten und Informationen, durch Wechseln der drei Ebenen
vertieft man eine Information.

**Orientation diagram for a "light cell" with four theme-
objects: by swiveling the screen, visual information and data
are augmented, by altering the three projecting planes, an
image is deepened.**

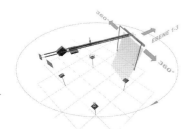

Das System einer „Lichtzelle": 360°-Schwenkarm (manuell)
mit transluzenter Projektionstafel, Themenobjekten, Projektor,
Rechner und Lichtschranke.

**The system of a "light cell": 360° (manual) swivel arm with
translucent projection screen, theme objects, projector,
computer, and light barrier.**

Man muß sich genau überlegen, welche Spiele man mitspielt und welche nicht.

MATTHIAS LOEBERMANN

One must consider carefully in deciding which games to play and which ones not.

SOLO

Wichtig ist nur die eigene Haltung.

WOLFRAM POPP

The only important thing is your own attitude.

FRANK F. DREWES

Bei mir gibt es keine Demokratie im Büro, viele Ideen verwässern oder überladen das Projekt.

For me, there can be no democracy in the firm; too many ideas dilute or overburden a project.

Die Generation der Kohl-Ära ist zu angepaßt.
Ich möchte meine eigenen Zielvorstellungen formulieren, etwas Eigenes
gestalten und vielleicht ein Widerhaken in der Gesellschaft sein, auch wenn
ich nicht glaube, daß ich die Welt verändern kann.

ANTON MARKUS PASING

The generation of the Kohl era is too conformist.
I want to formulate my own ideas and objectives, to design something of my
own, and perhaps to be a thorn in society's side, even if I don't believe I can
change the world.

ARCHITEKTURWERKSTATT
MATTHIAS LOEBERMANN

Nürnberg

Das Büro von Matthias Loebermann hat seinen Sitz in Nürnberg, das als ewige Nummer zwei in Bayern kulturell im Schatten von München steht. Zugleich wiegt die Erblast des Vaters, der in den sechziger und siebziger Jahren einer der Hauptarchitekten Nürnbergs war; dessen Büro hat der zehn Jahre ältere Bruder übernommen. Die Situation ist für Loebermann insofern doppelt gespalten: Der Name des Vaters nützt ihm bei den einen und schadet ihm bei den anderen; die Suche nach architektonischer und wirtschaftlicher Selbständigkeit birgt im wenig verwöhnten Nürnberg einerseits die Möglichkeit, sich schnell einen Namen zu machen, andererseits bedeutet es natürlich in einem konservativen Milieu unentwegtes Kämpfen um das Durchsetzen neuer Ideen. Loebermann muß deshalb viel Kraft auf das Balancieren verschiedener Strategien beim Umgang mit Bauherren, Behörden, Nutzern, Sponsoren legen, um seine Position zu festigen.

Insofern ist es fast logisch, daß sein bekanntestes Projekt, der Experimentelle Pavillon in Nürnberg, ein Selbstauftrag war. Zweifellos läßt sich jedoch ein solches Wagnis nicht beliebig oft wiederholen. Doch was Loebermann antreibt, ist nicht nur der Wunsch, die eigenen Ideen und Visionen öffentlich zu machen. Diesen Zweck erfüllen die einschlägigen Medien. Er ist geradezu besessen davon, diese Konzepte auf jeden Fall zu bauen. Architektur nur fürs Papier oder die Galerie ist für ihn verlorene Zeit und Energie. Für Loebermann, der sich selbst als Tüftler bezeichnet, heißt experimentell, einerseits stets auf der Suche nach neuen Ideen, aber auch Produkten der Industrie zu sein, sie aber andererseits in der Realität zu überprüfen.

Der Experimentelle Pavillon war insofern eine Art persönliches Laboratorium, als er ihm ermöglichte, nicht nur Einzelideen und Prototypen zu realisieren, sondern in Bezug auf das kontroverse Erbe der modernen Architektur Stellung zu beziehen. Die berüchtigte rechteckige Box ist für ihn Grundstruktur, nicht Dogma oder Formalismus. In ihrer Neutralität, fast schon Banalität, ist sie für Loebermann die belastbarste Form überhaupt: flexibel, addierbar, leicht anzupassen, so wie Altbauten, die über Jahrhunderte den unterschiedlichsten Nutzungen und Veränderungen standhielten.

Danach werden die Eigenschaften der Box festgelegt, und deren wichtigste ist Transparenz, das heißt, die Regulierung der Beziehung zwischen innen und außen. Loebermann kritisiert sowohl Sigfried Giedions als auch Colin Rowes und Robert Slutzkys Transparenzbegriff als zu statisch. Transparenz ist kein Zustand, sondern eine dynamische Funktion, ein ständig sich wandelnder Austausch von Licht, Luft und visuellen Beziehungen, abhängig von Gebrauch, Standort, Wetter, Stimmung. Der Komplexität dieser Beziehungen kann nicht mit einer monolithischen Fassade Rechnung getragen werden. Deshalb löst Loebermann die Fassade in Schichten auf, die – teils beweglich, teils fest – unterschiedliche Grade von Durchlässigkeit haben und zusätzlich durch variable Überlagerungen der Schichten ständig verändert werden können. Auf diese Weise „ereignet" sich Transparenz und ist nicht mehr identisch mit durchsichtigem Glas, sondern kann ebensogut mit anderen Materialien realisiert werden.

Der Sinn solcher Überlegungen liegt nicht nur im Gebrauch der Nutzer, die auf diese Weise über die Größe und Art der Öffnungen nach außen frei entscheiden können, sondern impliziert zudem eine städtebauliche Haltung, auch wenn Loebermann von Städtebau im herkömmlichen Sinn nichts hält. Städtische Maßstäbe sind für ihn Zeitmaßstäbe. Sowohl die Planungen der Moderne als auch die der Postmoderne haben – als rein räumliche oder formale Entwürfe – ihre Ziele verfehlt. Im kleinen Maßstab hingegen, vor allem an den Schnittstellen, kann man nicht nur Aussagen über Stadt treffen, sondern auch Veränderungen vornehmen. Für Loebermann, der außer Architektur auch noch in der Meisterklasse von K. H. Sonderborg, einem Vertreter der informellen Kunst, studiert hat, soll Architektur Diskussionen auslösen; auf keinen Fall soll sie ästhetischer Selbstzweck sein.

Matthias Loebermann's office is based in Nuremberg, the city that plays the eternal number two in Bavaria's cultural life, remaining forever in Munich's shadow. At the same time, his father's legacy weighs heavily, for the latter was one of the city's principal architects in the 60s and 70s, whose firm was taken over by his brother, ten years older. Loebermann's situation is thereby doubly split: first, his father's name is both useful and damaging at the same time. And secondly, his quest for architectural and financial independence within Nuremberg's relatively undemanding atmosphere harbors the possibility of making a name for himself quickly, but given the conservative milieu, it also means a steadfast battle to promote new ideas. In order to safeguard his position, therefore, Loebermann is obliged to devote considerable energy to balancing various strategies in his dealings with clients, agencies, users, and sponsors.

For this reason, it seems almost logical that his best-known project, the Experimental Pavilion in Nuremberg, was self-commissioned. Clearly, such a gamble cannot be repeated at pleasure. But what drove Loebermann was more than the desire to make his own ideas and visions public, for this can be accomplished via the appropriate media. But he is almost obsessed with the need to actually build his ideas, come what may. For him, architecture existing only on paper or in a gallery represents wasted time and effort. For Loebermann, who refers to himself as a tinkerer, to be experimental means first of all the endless search for new ideas, but also for new industrial products, and secondly, their relentless reexamination in the light of reality.

The Experimental Pavilion was thus a sort of personal laboratory, allowing him not only to implement individual ideas and prototypes, but also to take a position in relation to the controversial heritage of Modern architecture. For him, the notorious rectangular box is a fundamental structure, i.e., neither dogma nor formalism. In its neutrality, almost its banality, it is for Loebermann the most endurable form

of all: flexible, capable of accepting modifications, and easily adaptable, like old buildings surviving the most varied uses and transformations down through the centuries. At this point, the characteristics of the box are defined, and among the most important qualities is transparency, here referring to the capacity to coordinate relationships between interior and exterior. Loebermann has criticized Sigfried Giedion's, as well as Colin Rowe's und Robert Slutzky's conception of transparency as overly static. Transparency is not a condition, but instead a dynamic function, an ever mutable exchange of light, air, and visual relationships, one dependent upon use, location, weather, mood. No monolithic facade can do justice to the complexity of such interrelationships. Therefore, Loebermann dissolves the facade into layers which – partly moveable, partly fixed – possess varying degree of permeability, and which can also be constantly altered by means of the variable super-imposition of layers. In this manner, transparency "happens", and is thus no longer simply identical with transparent glass: it may then be realized just as well with other materials.

The implications of such reflections go beyond questions of employment by the user, who may thus freely determine the size and degree of openness of apertures to the exterior; it also implies an urban planning orientation, even if Loebermann does not adhere to the traditional sense of this term. Urban criteria are for him temporal. Both modern and postmodern planning – defined as purely spatial or formal design – failed their objectives. On a small scale, on the other hand, and above all at interfaces, one encounters not only expressions of opinion about the city, but can also undertake transformations. For Loebermann, who in addition to architecture, has attended master-classes with K. H. Sonderborg, a representative of Informal Art, architecture should provoke discussion. Under no circumstances should it become an aestheticized end-in-itself.

Experimenteller Pavillon
Experimental Pavilion

Nürnberg

Mitarbeit |
Collaboration:
Stefan Märkle

Von der ersten Ideenskizze des Experimentellen Pavillons bis zu dessen Einweihung im September 1997 dauerte es nur zehn Monate, obwohl es zu Beginn weder Auftrag, Geld, Nutzer noch Grundstück gab. 69 Sponsoren konnte Matthias Loebermann für sein Projekt gewinnen, genauso wie die Stadt Nürnberg, die ihm das Grundstück hinter dem Hauptbahnhof überließ und für drei Jahre mit einem Stadtteilladen, genannt Info-Box, dort einzog. An dieser Stelle muß der Pavillon aber nicht bleiben. Von Anfang an mobil geplant, sind seine Abmessungen von der Transportfähigkeit auf der Straße bestimmt. Die rechteckige Info-Box mißt 32 m in der Länge, 5,40 m in der Breite und 3,50 m in der Höhe. Damit und mit dem vorgefertigten Stahlskelett-Tragwerk ist der Tribut an Rationalisierung und Standardisierung erfüllt. Der Rest ist Prototyp.

Um eine Erneuerung des alten Transparenzbegriffs ging es Matthias Loebermann, für den Transparenz kein Zustand, sondern ein „Ereignis" ambivalenter und simultaner Wahrnehmung ist, somit in wechselseitiger Abhängigkeit von äußeren Bedingungen wie Betrachterstandpunkt, Licht- und Klimaverhältnissen und natürlich vom Gebrauch steht. Der mehrschichtige Aufbau der vier Fassaden, mit beweglichen und starren Elementen, ermöglicht die Umsetzung eines Transparenzkonzepts, das nicht nur verschiedene Grade der Durchlässigkeit aufweist – von durchsichtig über durchscheinend bis opak –, sondern auch einen variablen Gebrauch zuläßt, der auf differenzierte Anforderungen an Ausblick, Sonnen-, Sicht- und Blendschutz ohne aufwendige Maßnahmen reagieren kann. Somit weist ein Vertikalschnitt der Fassade an unterschiedlichen Stellen auch unterschiedliche Aufbauten aus Glas-, Metall- und Holzschichten auf. Um die entsprechenden Schiebe- und Klappmechanismen für die einzelnen Fassadenelemente realisieren zu können und dabei auch noch einen einheitlichen ästhetischen Gesamteindruck zu erzielen, mußten für den Pavillon Prototypen mit neuen Materialien und Konstruktionen gebaut werden. Insgesamt 50 Firmen aus dem Bautechnik- und Einrichtungsbereich erklärten sich bereit, diese Protypen zu entwickeln und zu finanzieren.

Only ten months separated the conceptual sketches for the Experimental Pavilion and its dedication in September 1997, although to begin with there were neither commissioners, funds, users, nor even a building lot. Matthias Loebermann was able to win over 69 sponsors for his project, including the city of Nuremberg, which gave him a site behind the main train station, occupying the premises for three years with a city district center called the "Info Box". But the pavilion doesn't have to remain at this location. Planned from the beginning as a mobile unit, its dimensions were determined by its capacity to be transported along the street. The rectangular Info Box is 32 meters long, 5.4 meters wide, and 3.5 meters high. With its pre-fabricated steel frame, it is a tribute to rationalization and standardization. The rest is prototype.

For Matthias Loebermann, it was a question of re-enlivening an older notion of transparency, meaning now not merely a condition, but rather an "event" of ambiguous and simultaneous perceptions that remain in a relationship of mutual dependence with external conditions and perspectives, with light and climate relations, as well as, of course, with manner of use. This multi-layer four-facade construction, including both moveable and fixed elements, successfully translates a notion of transparency permitting varying degrees of permeability – from transparent to translucent to opaque – but also allows variable use and ease of response to a range of requirements (provision of exterior views, sun and glare protection, privacy, etc.) without troublesome measures. Thus, a vertical cut in the facade opens onto various points to reveal structures composed of glass, metal, and wood layers. In order to realize the corresponding sliding and shutter mechanisms for the individual facade elements, thereby arriving at an aesthetically unified total impression, prototypes using new materials and construction techniques had to be built for the pavilion. In all, 50 firms from areas in building technology and equipment were ready to finance and develop this prototype.

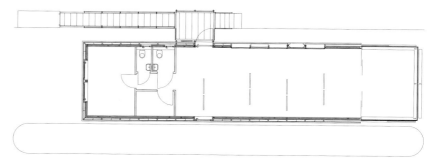

Grundriβ. Auch im Horizontalschnitt schichtet sich das Gebäude von einem geschlosseneren Büroteil im Westen über einen teils offenen, teils geschlossenen Ausstellungsbereich bis hin zur Glasbox im Osten, die wahlweise als Besprechungsraum oder Teil einer Aussetllung genutzt werden kann.

Floor plan. In horizontal section too, the building is layered, from a closed office section to the west, to a partly open, partly closed exhibition area, to a glass box to the east, which may be used as a conference room, or as part of an exhibition space.

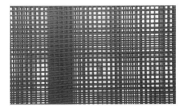

Kapillarglasfüllung in der Dachverglasung der Glasbox und
Detail Gitterstruktur (verschiebbar).

**Capillary glass filling in the glazed ceiling of the glass box,
with detail of the adjustable grid structure.**

Inneres der Glasbox | **Interior of the glass box**

Fassadenschnitte | **Facade sections**

1   2   3   4   5   6   7   8

1

Geschlossene, hinterlüftete Fassade mit vorgesetzten horizontalen Aluminiumwinkeln.

Closed, rear-ventilated facade with projecting horizontal aluminum sections.

2

Festverglasung mit innenliegender, verstellbarer Aluminiumjalousie zur Tageslichtlenkung.

Fixed glazing with interior adjustable aluminum louvres for daylight control.

3

Bewegliche Glaslamellen zur Tageslichtlenkung.
Adjustable glass louvers for daylight control.

4

Bewegliche Aluminiumlamellen, Verstellbarkeit über Scherengitter.

Moveable aluminum louvres, adjustable via sliding latticework.

5

Verglasungselement mit bündig in Fassadenebene integriertem Fensterelement.

Glazing with window frame flush with the facade.

6

Verglasungselement mit transluzenten, hochwärmedämmenden Glaspaneelen.

Glazing with translucent, highly insulating glass panels.

7

Glasbox mit horizontal verschiebbaren Aluminiumlochblechtafeln.

Glass box with horizontally sliding perforated aluminum paneling.

8

Starrer Sonnenschutz aus Aluminiumlamellen mit unterschiedlichen Neigungswinkeln.

Rigid aluminum louvres for sun protection, with various angles of inclination.

Ansicht Glasbox und Ausschnitte von außen und von innen mit Schiebeelementen aus Lochblechtafeln, die je nach Leuchtdichtekontrast zwischen innen und außen als nahezu opak oder transparent wahrgenommen werden.

View of the glass box showing exterior and interior details, with sliding elements of perforated paneling, appearing – depending upon light density contrast between interior and exterior – either almost opaque or transparent.

RID Pavillon

**Mitarbeit |
Collaboration:**
Werner Feldmeier

Für den Auftritt der RID (Raumfahrt Initiative Deutschland), ein Zusammenschluß von mehr als zwanzig, an der Raumfahrt beteiligte Unternehmen, auf der ILA 2000 in Berlin, auf der EXPO 2000 in Hannover und einer anschließenden Tour durch die ganze Bundesrepublik, wurde ein mobiler Ausstellungspavillon entwickelt, der in drei Tagen auf- bzw. abgebaut werden kann. Die innovative Grundidee sieht vor, den Pavillon als Ganzes, das heißt Tragkonstruktion und Hülle, wie eine Ziehharmonika zusammenzuziehen bzw. auseinanderzufalten. Daher kann er trotz einer Größe von 10 x 38 m auf einem Laster transportiert und entsprechend schnell aufgestellt werden. Die Korbbögen aus Stahl, bestehend aus zwei Teilbögen, haben einen Abstand von 2 m und sind über 14 lotrechte Scheren miteinander verbunden, die das Zusammenfalten der Konstruktion, bis zu einer minimalen Länge von 3 m ermöglichen. Die Membran, die im ausgefalteten Zustand zur Aussteifung dient, wird mittels Radialseilen gespannt. Da sie sich unterhalb der Konstruktion befindet, faltet sie sich mit; ein Abnehmen bzw. Auflegen der Membran entfällt.

Der Auftrag für den Pavillon, den die mit der Ausstellungsinszenierung betraute Medienagentur in Aussicht stellte und der von Anfang an von der „Bierzeltlösung" bedroht war, wurde letztlich nicht vergeben, deshalb bleibt das anspruchsvolle konstruktive Konzept Projekt.

For the announcement of the RID (German Astronautic Initiative), an alliance of more than twenty enterprises involved with manned space travel taking place at the ILA 2000 exhibition in Berlin, at EXPO 2000 in Hannover, and concluding with a tour through Germany, a mobile exhibition pavilion was developed, capable of being assembled and disassembled in three days. The innovative basic idea is conceived so that the pavilion as a whole, meaning both load-bearing structure and envelope, can be folded together and unfolded again like an accordion. Hence, despite a size of 10 x 38 meters, it can be transported on a flatbed truck and correspondingly assembled quickly. The steel arches, composed of two sections, stand at intervals of 2 meters and are joined together across 14 perpendicular scissors-like folding lattice-grates, making it possible to collapse the structure down to a minimum length of 3 meters. The membrane, serving in its unfolded state as a brace, is stretched with radiating wires. Since it is beneath the construction, it folds together with it; the membrane is never removed or remounted. In the end, the commission for the pavilion was not awarded. A media agent responsible for the installation of this exhibition had held out hopes for the proposal, even though it had been threatened from the start by a "beer-tent" style solution. This challenging structural concept will thus remain an unrealized project.

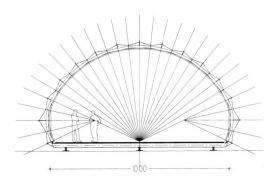

Querschnitt durch den Pavillon. Die Bodenkonstruktion besteht aus schweren Stahlträgern, die das Abheben der Konstruktion bei Windsog verhindern.

Cross section through the pavilion. The floor structure consists of heavy steel girders, preventing the lifting of the pavilion by wind suction.

Detail der Scheren, die das Falten der Konstruktion ermöglichen, und der Aufhängung der Membran.

Detail of the folding lattice-grates that allows to fold up the structure, and of the fastening of the membrane.

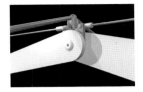

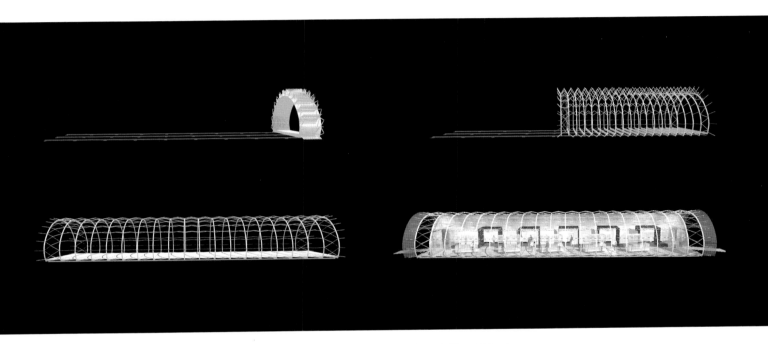

In der Länge von 38 m und einer Firsthöhe von 5,50 m wäre der RID-Pavillon der größte seiner Art, welcher als Ganzes auf eine minimale Länge von 3 m zusammengefaltet werden kann.

With a length of 38 meters and a roof ridge at 5.5 meters, the RID Pavilion would have been the largest of its kind, the entire structure collapsible to a minimal length of 3 meters.

Die Tetraeder in den Randfeldern dienen zusammen mit der Membran der Aussteifung.

Together with the membrane, the tetrahedrons in the peripheral areas serve as braces.

Faltbares Ausstellungssystem
Collapsible Exhibition System

Mitarbeit |
Collaboration:
Werner Feldmeier

Für die GlasKon 99 in München wurde ein Ausstellungssystem entwickelt, das seine Transparenz und Leichtigkeit nicht der vordergründigen Verwendung von Glas verdankt, sondern einer konstruktiv-geometrischen Idee, die mit sparsamsten Mitteln hohe Flexibilität erreicht. Eine Scherengitterkonstruktion aus Aluminium läßt sich auf eine maximale Länge von 7,45 m bei einer Breite von 45 cm ausziehen. Drei horizontale Scherenebenen minimieren die Knicklänge der vertikalen Tragröhren von 30 mm. Die Scheren der obersten Ebene sind doppelt so groß; an ihren überstehenden Auslegern wird die Beleuchtung befestigt. Die Aussteifung erfolgt an beiden Stirnseiten mit punktförmig gehaltenen Glasplatten. Zwei Schichten von feinem Metallgewebe als Verhüllung und Hintergrund von Präsentationstafeln und -bildern können je nach Bedarf linear, diagonal oder V-förmig aufgehängt und mit der Konstruktion verspannt werden. Abhängig vom Betrachterstandort und von der Beleuchtung kann somit das filigran wirkende Ausstellungssystem transparent, leicht verhüllend oder fast völlig opak wirken.

Loebermann developed an exhibition system for the GlasKon 99 in Munich, one whose transparency and lightness is due not so much to the featured use of glass, but instead to a geometric constructive idea, achieving great flexibility with modest means. An aluminum folding-lattice construction expands to a maximum length of 7.45 meters and a width of 45 cm. Horizontal sliding lattice-grates on 3 levels minimize the buckling-length of the 30 mm vertical supporting tubing. These gratings are twice as large at the highest level; lighting elements are attached to their projecting parts.

There are braces on both fronts with point-fixed glass plates. Two layers of fine wire cloth, used as veiling and background material for presentation screens and pictures, may be in hung linear, diagonal or V-form according to use, and are braced upon the construction. Depending upon the viewer's perspective and the lighting situation, the filigree exhibition system appears transparent, lightly veiled, or almost completely opaque.

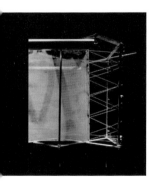

An den Stirnseiten sorgt jeweils eine Glasscheibe für die Aussteifung.

On each front, a glass panel serves for bracing.

Auffaltung der Scherengitterkonstruktion aus Aluminium bis zur Hängung von Präsentationstafeln.

Unfolding of the lattice-grate for the mounting of presentation panels.

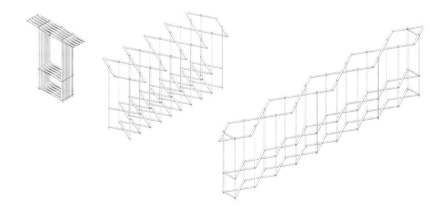

Das Ausstellungssystem mißt maximal 7,45 m in der Länge bei einer Breite von 45 cm. Es ist 2,25 m hoch.

The exhibition system measures 7.45 meters at its maximum length, and 45 cm in width. It is 2.25 meters high.

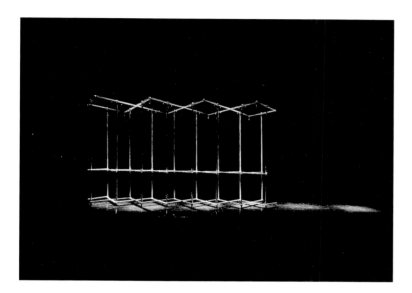

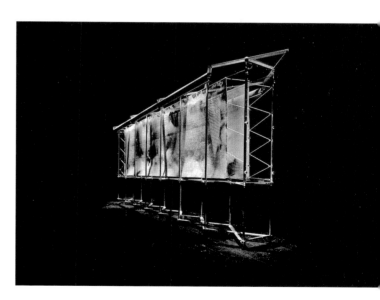

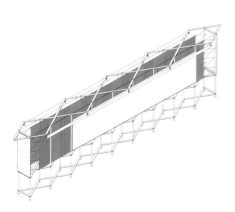

Die unterschiedlichen Lichtreflexe auf der Hülle aus feinem Metall-gewebe können gezielt bei Präsentationen eingesetzt werden.

The various light reflections on the shell of fine metal fabric can be carefully deployed for presentations.

FRANK F. DREWES

Berlin | Herzebrock | San Francisco

Zwischen der 9000-Seelen-Gemeinde Herzebrock, wo er zusammen mit Martin Strenge sein Büro und einen wichtigen Auftraggeber hat, Berlin, wo er neue Aufträge sucht, und San Francisco, wo er sich inspirieren läßt, pendelt Frank F. Drewes hin und her. Nach dem Studium an der RWTH Aachen nutzte er zunächst die Chance, die Kontakte, die sein Vater durch sein Architekturbüro in Herzebrock im Laufe der Zeit zu verschiedenen privaten Auftraggebern der Umgebung aufgebaut hat, weiter fortzuführen. Insbesondere der Familie Lübbering, die in Herzebrock eine innovative Firma für technische Instrumente betreibt, verdankt er eine Reihe von Aufträgen. Parallel dazu erstellte er ein Wohnhaus für seine Tante am Kirchplatz von Herzebrock. Dieser Neubau inmitten historischer Fachwerkhäuser und direkt gegenüber der Kirche brachte die Gemüter des kleinen Ortes in Wallung. Drewes, der sich selbst als Individualist bezeichnet, hat mit diesem Haus ein Statement gebaut, das in gewisser Weise auch für ihn selbst gilt. Unangepaßt will er sein, aber kein Revolutionär, dessen Provokationen sofort wieder im Klischee enden. Er zweifelt an sich, wenn er sich auf breiter Front verstanden fühlt; zugleich liegen ihm Konfrontation und Überforderung des Publikums fern. Deshalb hat das Wohnhaus am Kirchplatz trotz der Fassadengestaltung kein Flachdach, sondern ein Satteldach, so wie alle anderen Häuser dort.

Tatsächlich strebt Drewes wie viele seiner Generation nach einer eigenständigen, unabhängigen Position, die auf Parolen verzichten kann. Sie soll Ausdruck differenzierten Denkens sein und sich vor allem durch das Projekt selbst mitteilen. Deshalb verfährt Drewes zweigleisig: zum einen fährt er so häufig wie möglich an die amerikanische Westküste, wo er nach dem Studium noch eine Weile gearbeitet hat. Dort läßt er sich von der ungezwungenen Architektur eines Frank Gehry oder Mark Mack inspirieren und schreibt zugleich für verschiedene Zeitschriften über die amerikanische Architektur im 20. Jahrhundert. Diese Tätigkeit ver-

mittelt ihm eine distanziertere und bewußtere Haltung zu Architektur im allgemeinen und zu seiner eigenen. Zum anderen konzentriert er sich auf Projekte, die er übersehen und kontrollieren kann. Städtebau hält er für eine Selbstüberschätzung der Profession. So nimmt es nicht wunder, daß sein bisheriger Werdegang zum Großteil Innenarchitektur, Um-, Ein- oder Anbauten vorweist. Hier kann er trotz aller Planung Details, Materialfragen, Farbauswahl etc. häufig ad hoc entscheiden.

Die parallele Beschäftigung mit der Architektur von Steven Holl und der Einfluß von Mark Mack, der ihn zuerst mit der Architektur von Adolf Loos bekannt gemacht hat, korrespondieren mit dem Architekturkonzept von Drewes. Dieses geht immer von einem offenen und fließenden Raum aus, der aus gelenkten Blicken, Bewegungen und Gebrauch der Nutzer besteht. Farbe und Materialwahl sind nachgeordnet, Konstruktion völlig untergeordnet, bis hin zum völligen Verschwinden. Nur der komplexe Raumeindruck zählt. Kein Raum ist in sich abgeschlossen; überall gibt es Nischen, Öffnungen, Übergänge, die den Blick und die Bewegungen im Fluß halten. Diese Verschachtelung der Räume, die sich zum Teil aus dem Projekt selbst ergibt, weil es wie beim Verwaltungs- und Produktionsstandort der Firma Lübbering aus einer Vielzahl kleinerer Gebäude besteht, die im Lauf der Zeit collagenartig zusammengesetzt wurden, erinnert an Loos' Raumplan. Doch sind – anders als bei Loos – die Übergänge und Verbindungen zwischen verschiedenen Räumen nicht theatralisch komponiert; vielmehr werden der zufällig schweifende Blick und ein neugieriges Umhergehen herausgefordert. Genauso sind auch die Materialien oft die billigsten und die Ausführung die einfachste, damit die Architektur nachvollziehbar bleibt.

Frank Drewes is constantly in motion between the small community of Herzebrock (population 9,000), where he shares an office with Martin Strenge and has an important client; Berlin, where he pursues new commissions; and San Francisco, where he finds inspiration. After his studies at the Technical University of Rhineland-Westphalia in Aachen, he moved quickly ahead, taking advantage of contacts with private clients built up over time by his father through his architecture office in Herzebrock. In particular, he owes the Lübbering family, who run an innovative business in the field of technical instruments, a series of commissions. Parallel to these activities, he built a home for his aunt on the town's church square. This new house, situated among historically authentic half-timbered houses, and directly across from the church, ignited local tempers. Drewes, who refers to himself as an individualist, succeeded in making a statement with this project, one which is in a certain sense valid for himself as well. He does not care to be well-adapted, yet is no revolutionary, whose provocations immediately turn into clichés. He despairs when he feels himself widely understood; at the same time, confrontation and making excessive demands of the public are alien to him. That is why the house on church square, for all its unconventional facade features, does not have a flat roof, but instead a gabled one like the others in the area.

Actually, Drewes strives, like many members of his generation, for an autonomous, independent position, one which can dispense with slogans. Such a position ought to be the expression of a more nuanced thinking, and above all to communicate itself via the given project itself. Therefore Drewes proceeds on two tracks: first, he travels as often as possible to the American west coast, where he worked for a time following his studies. There he finds inspiration in the unconstrained architecture of a Frank Gehry or a Mark Mack, and he writes on 20th century American architecture for various journals. This activity affords him a distanced and conscious attitude towards architecture in general, as well as towards his own. And second, he concentrates on projects which he can oversee and control. He considers urban planning to be an overestimation by the profession of its capacities. Small wonder, then, that his professional development to date has centered for the most part on interior architecture, reconstructions, and additions. For there, despite the need for planning, he is often able to make ad hoc decisions regarding details, materials, color choice, etc. His parallel preoccupation with the architecture of Steven Holl and the influence of Mark Mack, who first made him aware of the architecture of Adolf Loos, corresponds with Drewes' conception of architecture. The premise is always an open and fluid space, emerging from the coordination of views, movements, and issues of use. Color and choice of materials are subordinate, structural aspects decisively so, to the point of invisibility. Only the complex spatial impression counts. No room is self-enclosed: everywhere are niches, openings, transitions, maintaining the flow of both sight lines and movement. With his project for the Lübbering firm, this interlocking of spaces – which recalls Loos' "Raumplan" – emerges to a degree from the nature of the project, since the administration and production facilities of the firm consist of numerous smaller buildings which have been assembled in collage-fashion over time. But here – in contrast to Loos – the transitions and connections between different spaces are never composed theatrically; the casually wandering gaze is much more provoked into an inquisitive exploration. In the same way, materials are often the cheapest available and the execution of the simplest nature, so that the architecture remains comprehensible.

Haus am Kirchplatz
House on Church Square

Herzebrock

Mitarbeit |
Collaboration:
Ludger Drewes,
Jörg Pohlmann,
Nina Knoche

Tragwerksplanung |
Structural engin-
eering:
Ulrich Drewes,
Herzebrock

Der Kirchplatz in Herzebrock ist eine ovale Wiese mit großen Erlenbäumen, die von der Kirche und zweigeschossigen historischen Fachwerkhäusern umrundet wird. Der Denkmalschutz gab für den 1997 fertiggestellten Neubau auf dem einzigen freien Grundstück am Platz Traufständigkeit und Satteldach vor. Da das Haus sowohl als Wohnhaus als auch als Lagerraum und Garage genutzt wird, hat es zwei Erschließungen. An der rückwärtigen Südseite befindet sich der Eingang zum Lager im Erdgeschoß, das von der Bauherrin genutzt wird. Vom Eingang am Kirchplatz aus führt unmittelbar eine einläufige Treppe ins Ober- und Dachgeschoß, die zusammen als Wohnung vermietet werden. Beide Nutzungen sind somit strikt voneinander getrennt.

Die Treppe ist das Hauptelement des Hauses. Als einziges ist sie an beiden Fassaden ablesbar: vom Kirchplatz aus als großer Eingangsschlitz, von der Rückseite aus als vertikales Erkerfenster, das der Belichtung der Treppe und der Wohnung dient. Der Treppenschacht ist im Innern offen, wodurch die Räume der zweigeschossigen Wohnung fließend miteinander verbunden werden.

Da die Wohnung vor allem über große Fenster an der rückwärtigen Südseite Licht erhält, ist die nördliche Fassade zum Kirchplatz eher geschlossen. Die wenigen Öffnungen sind unterschiedlich in Größe und Lage, weshalb sie kaum Auskunft über Struktur und Funktion des Hauses geben. Die minimalistisch wirkende Fassade kann sich deshalb durch Materialwahl (Kalk-Zement-Putz, Holzfenster und -türen, verzinkte Stahlbleche) an den Kontext anpassen.

The church square in Herzebrock is an oval lawn with large alder trees, ringed by the church and rows of two-story, historically authentic half-timbered houses. In 1997, the Agency for the Preservation of Monuments prescribed the height of the eaves and gabled roof for a new house planned for the sole available building lot on the square. Since the building would include storage space as well as living quarters, there are two entrances. To the rear, on the south side lies an entrance leading to ground floor storage facilities, for use by the owner. The entrance on the church square opens directly onto a single stairway leading to the upper and attic stories, to be rented out together as a single apartment. The two users are thus strictly separated.

The staircase is the house's central feature, and the only one legible on both facades: as a large entry slit from the church square, and from the rear as a vertical bay window, lighting both staircase and apartment. The stairwell shaft is open within, effecting a flowing connection between the apartment's two levels. Since the apartment is lit by large windows on the rear and south side, the north side on the church square is closed by comparison. The few openings to the front are varied in size and position, giving little information about the structure and function of the house. This facade, so minimalist in character, is adapted to its context through choice of facing materials (lime-cement plaster, wooden window frames and doors, galvanized steel sheeting).

Ansicht vom Kirchplatz aus. Nur die Abstraktheit und freie Verteilung der Öffnungen weist darauf hin, daß das Haus modern ist.

View from the church square. Only its abstraction and the free disposition of apertures remind us that the house is modern.

Explosionszeichnung des ganzen Hauses (in schwarz die Fassade zum Kirchplatz).

Exploded drawing of the entire house (in black, the facade facing church square).

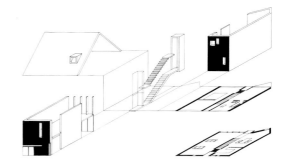

Links: Übergang vom Eβbereich zum
Wohnraum.

**Left: Transition from the dining area
to the living room.**

Rechts: Brücke zwischen zwei Zimmern im
Dachgeschoβ. Die tragende Sichtbeton-
wand gehört zum Treppenschacht.

**Right: Link between two attic rooms.
The load-bearing exposed concrete wall
belongs to the stairway shaft.**

Grundrisse von unten nach oben:
EG (Lager und Garage);
1. OG (Küche, Wohn- und Eβraum);
DG (Schlafzimmer, Bad).

**Floor plans from bottom to top:
ground floor (storage and garage);
2nd story (kitchen, living and dining rooms);
attic (bedroom, bathroom).**

Blick vom Wohnraum in den Eingang.   **View from the living room into the entry.**

Wohnhaus und Büro Lübbering
The Lübbering Home and Office

Herzebrock

Das etwa 250 Jahre alte Wohnhaus der Familie Lübbering in Herzebrock ist bereits mehrfach umgebaut worden, so daß man sich vom Urzustand inzwischen schon weit entfernt hatte. Nach dem Einbau einer Sauna im Keller erhielt Frank F. Drewes 1997 den Auftrag für die völlige Neugestaltung des Hauses. Trotz der Entkernung des gesamten Innenraumes wurden Teile der variierenden Niveausprünge und Raumhöhen, die das Haus charakterisierten, beibehalten bzw. neu definiert. Doch statt Unübersichtlichkeit sollte nun Großzügigkeit den Innenraum dominieren. Wie beim Raumplan von Loos wird das Innere als fließendes Raumkontinuum entworfen: der freigestellte Schornstein bildet dabei das zentrale Drehmoment, um das sich die Wohnbereiche über drei Etagen nach oben wickeln. Auf diese Art kann das Haus als Einheit erlebt werden. Allerdings nicht von einem privilegierten Standpunkt aus, sondern nur in der Bewegung, das heißt im Gebrauch. Der Blick verliert sich nie in der Tiefe oder wird von einer bestimmten Aussicht „festgefroren". Stets entdeckt man beim Laufen neue Öffnungen, Nischen, Wege, die zum Weitergehen und Sehen auffordern und auf diese Art den gesamten Raum größer erscheinen lassen.

Um diesen fließenden Eindruck zu erzielen, werden geschlossene Ecken fast ganz vermieden, werden Konstruktion und technische Einrichtungen hinter Verkleidungen oder Einbauschränken versteckt, schließen die Oberflächen sämtlicher Bauteile bündig miteinander ab, so daß der Blick tatsächlich gleiten kann. Einzig der dominante Schornstein in der Mitte des Hauses, um den sich auch ein Teil der Treppe und Treppenabsätze windet, wirkt wie ein skulpturaler Blickfang auf allen Ebenen. Ein magmatisch erscheinender dunkler Kratzputz grenzt ihn von den restlichen Materialien wie z.B. billigen Industrieböden oder Holzplatten ab. Die Großzügigkeit und Komplexität des Hauses ergibt sich nur aus dem Raumerlebnis und den zum Teil perfekt hergestellten, komplizierten Details, die der Bauherr – Erfinder und Hersteller innovativer technischer Geräte für die Industrie – selber anfertigte.

The ca. 250 year-old home of the Lübbering family in Herzebrock has already been rebuilt many times, taking the house far from its original appearance. Following construction of a basement sauna, Frank F. Drewes received a commission in 1997 for the complete redesign of the house. Despite the gutting of the interior, aspects of the existing varied floor levels and room heights characterizing the house would be retained or newly defined. But spaciousness would now dominate the interior in place of the earlier somewhat involved arrangement. As with Loos' "Raumplan", the interior is designed as a fluid continuum. The freely positioned chimney integrates the whole, a point around which the living quarters rise and turn through three stories: the house is experienced as a unity. Not, however, from a privileged position, but instead in and through movement, which is to say, through use. The gaze is never lost in the depths, never arrested by a single perspective. In circulating through the space, one gradually discovers new openings, niches, paths, stimulating one to go further, to see more: this gives the total area an appearance of being larger than it actually is.

In order to arrive at this flowing impression, closed corners are almost completely avoided, construction details and appliances are disguised or concealed by built-in cabinets, and finally, the surfaces of all building elements are flush with one another, allowing the gaze to glide along freely. Only the dominant chimney at the center of the house, around which part of the staircase and landing wind, catches the eye from all levels like a work of sculpture. A magmatic appearing, dark sgraffito delimits it from the other materials, such as for example, the inexpensive industrial flooring and wooden paneling. The house's grandeur and complexity is the result of this spatial experience, as well as of the often perfectly executed, complicated detailing which the owner (an inventor and producer of innovative industrial devices) finished himself.

Der Umbau der Sauna im Keller war der erste Auftrag für die Familie Lübbering. In dem mit schwarzen MDF-Platten verkleideten Block befindet sich die eigentliche Sauna.

The rebuilding of the sauna in the basement was the first commission from the Lübbering family. The sauna itself is located within the block sheathed in black press-board paneling.

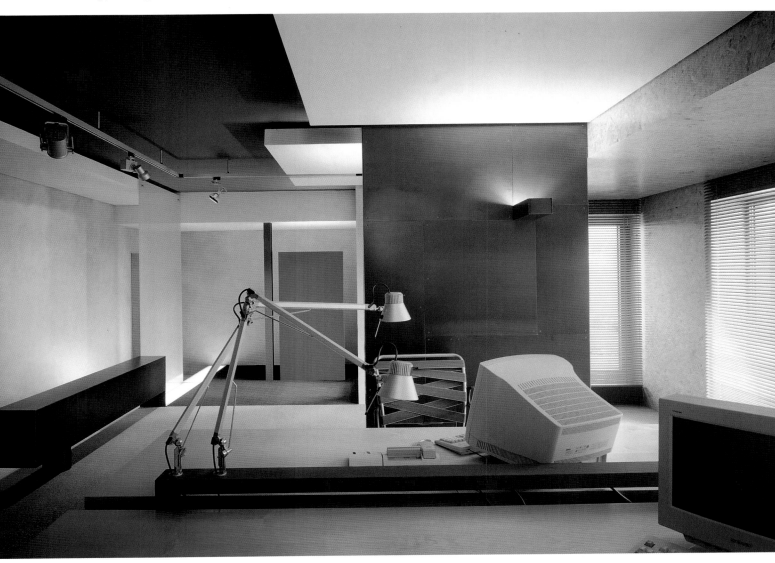

Blick in den Wohnraum im 2. OG. Hinter den Einbauschränken und Verkleidungen verbergen sich nicht nur Stereoanlage, Lautsprecher, Fernseher, sondern zum Teil sogar noch kleine Abstellzimmer.

Prospect of the living room at 2nd storey. Behind the built-in cabinets and paneling are concealed not only the stereo set, loud-speakers, and television, but also small storerooms.

Grundrisse von links nach rechts: EG mit Eingang und Büro; 1. OG mit Eßbereich, Küche und Zimmern; 2. OG mit Wohnraum. Die Sauna befindet sich im Keller.

Floor plans from left to right: ground floor with entrance and office; 2nd story with dining area, kitchen, and other bedrooms; 3rd story with living room. The sauna is in the basement.

Letzter Treppenabsatz (Balkon) mit ver-
glastem Fußboden. Er führt in die Wohn-
räume des zweiten Obergeschosses bzw.
ermöglicht ein nochmaliges „Umgehen"
des Kamins an oberster Stelle.

**The final landing (balcony) with glazed
flooring. This leads to the living rooms
on the 3rd floor, also making possible
a final circuit around the chimney, now
at the highest point.**

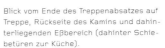

Blick vom Ende des Treppenabsatzes auf
Treppe, Rückseite des Kamins und dahin-
terliegenden Eßbereich (dahinter Schiebetüren zur Küche).

**View from the end of the landing onto the
stairs, the back of the fireplace, and the
dining area behind (further back are sliding doors leading to the kitchen).**

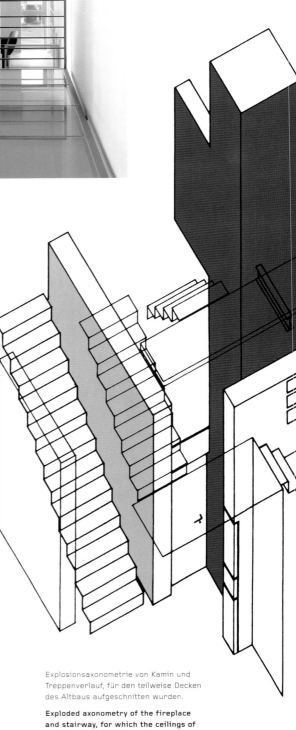

Untersicht der einläufigen Treppe vom
Erdgeschoß zum Eßbereich im 1. OG.

**View from below the single staircase
into the dining area in the 2nd story.**

Explosionsaxonometrie von Kamin und
Treppenverlauf, für den teilweise Decken
des Altbaus aufgeschnitten wurden.

**Exploded axonometry of the fireplace
and stairway, for which the ceilings of
the original house were partly removed.**

Treppenabsatz hinter dem Kamin vor dem Treppenlauf zum 2. OG.

Landing behind the fireplace in front of the stairway leading to the 3rd story.

Blick auf den schwarz verputzten Kamin vom Wohnbereich im zweiten Obergeschoß.

View of the black stucco fireplace from the living area on the 3rd floor.

Im 1. OG muß man um den Eßtisch herumgehen, um zur Treppe zum Wohnraum im 2. OG zu kommen.

In the 2nd story, it is necessary to go around the dining table to reach the living room in the 3rd story by way of the stairs.

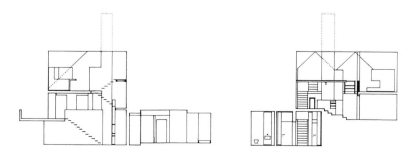

Längs- und Querschnitt im Bereich der Treppe und des Kamins. Schnitt links: das eingeschossige Büro rechts, Eingang zum Wohnhaus links unter dem Balkon; Schnitt rechts: die Treppe windet sich um den Kamin.

Longitudinal and cross sections in the zone of the stairs and fireplace. Section, left: the single-story office, right, entrance to the dwelling house, left below the balcony; section, right: the stairs wind around the fireplace.

Um- und Neubau Firma Lübbering
Lübbering Factory and Offices

Herzebrock

„Patchwork" ist der Name für den Um- und Neubau des Büro- und Betriebsgebäudes Lübbering in Herzebrock. Denn genauso wie beim Wohnhaus der Familie ist die Ausgangssituation eine verwinkelte Gebäudestruktur, die sich aus Um- und Anbauten im Verlauf von etwa 100 Jahren ergeben hat und mit dem Einzug der Firma Lübbering vor etwa 20 Jahren nur noch verstärkt wurde. Das Unternehmen, das mit einem Patent für die Lagerung von Kabeltrommeln auf Tragwalzen begann, expandiert seitdem mit technischen Ideen für Handwerk und Industrie.

Weil sich der Betrieb in innerörtlicher Lage befindet, sind hohe Aufstockungen genauso wenig möglich wie großzügige Ausdehnungen auf dem Grundstück. Deshalb – und weil Eingriffe den laufenden Betrieb nicht stören sollten – ist Frank F. Drewes seit etwa 1998 mit dem schrittweisen Umbau des Gebäudekomplexes betraut, zu dem auch ein Neubau für die Büros und den Empfang der Firma gehört. Weil zudem der Bauherr beim Austüfteln von konstruktiven und materiellen Ideen immer sehr eng mit dem Architekten zusammenarbeitet, wurden viele Entscheidungen spontan getroffen. Auf den absurden Kraftakt einer formal vereinheitlichenden Lösung wurde deshalb verzichtet. Statt dessen konzentriert sich die Planung auf die Erhöhung der Effizienz von Produktionsabläufen und Wegen und auf ihre Gestaltung. Der Neubau für die Büros wurde als Anlaß genommen, sich auf die interne Vernetzung des heterogenen Gebäudekomplexes zu konzentrieren. Allerdings nicht mit einem zentralen neuen Treppenhauskern, sondern durch Fortführung der bereits bestehenden Struktur von „Geheimwegen", ein Eindruck, der durch die verschiedenen Niveaus der einzelnen Gebäudeteile noch verstärkt wird. Hinter unscheinbaren Türen können sich große Lagerräume, Treppen oder tatsächlich nur der Zugang zum WC verbergen, oder man steht auf einmal auf der Galerie der alten Produktionshalle, auf Augenhöhe die alten Fischbauchträger, und unten dröhnt der Lärm der Maschinen.

"Patchwork" is the name for the refurbishment and extension of the office and production facilities of the firm Lübbering in Herzebrock. And precisely as with the family's residence, the point of departure was a crooked building which had been rebuilt and added to over a century, and even more so following occupancy by the Lübbering firm twenty years ago. This enterprise, which began with a patent for the storage of cable drums, has expanded since then with many technical ideas for craft production and industry.

With the business located in the town center, the addition of higher stories was impossible, as was any significant expansion of the existing site. For this reason, and because interventions could not be allowed to interfere with day-to-day operations, Frank F. Drewes was entrusted in 1998 with the gradual reconstruction of the complex, involving the erection of a new building for the firm's offices and reception area. With owner and architect working together so closely in the puzzling out of ideas for structure and materials, many decisions were made spontaneously. Any notion of an absurd tour de force in the form of a unified formal solution was thus renounced. Instead, planning was concentrated on raising the efficiency of production processes and circuits, and their design. The new office building was taken as an opportunity to concentrate on the internal connections between the heterogeneous buildings of the complex. This was not achieved with a new central stairway core, but rather by extending the existing structure of "secret paths", creating an impression that is strengthened in the various levels and individual parts of the building. Behind inconspicuous doors are hidden large storage rooms, stairways, or even entrances to bathrooms, or else one finds oneself standing suddenly on a gallery in the old production hall, at eye-level with the old fish-belly girders, while the machinery drones underneath.

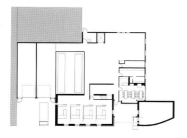

Grundriβ Erd- und Obergeschoβ des Neu- und Umbaus der Firma Lübbering. Der rechte Flügel im 1. OG ist der Büro-trakt; davor der Besucherempfang. Die Produktionshalle ist als graue Fläche dargestellt.

Ground and 1st floor plans of the new building for Lübbering. The right wing of the 2nd story houses offices; in front, the reception area. The production hall is shown in gray.

Links: Blick vom Besucherempfang in den Gang des Bürotrakts; parallel dazu sind an der Fassadenseite die Büros untereinan-der verbunden (rechts).

Left: View from the visitor's entrance into the hallway of the office tract; the offices are aligned parallel with it on the facade side (right).

Rückseite des neuen Büro- und Lager-anbaus. Das flache gemauerte Gebäude ist die alte Produktionshalle mit den Fischbauchträgern aus Holz.

Rear of the new office and storage buildings. The low brick building is the old production hall with its wooden "fish-belly" girders.

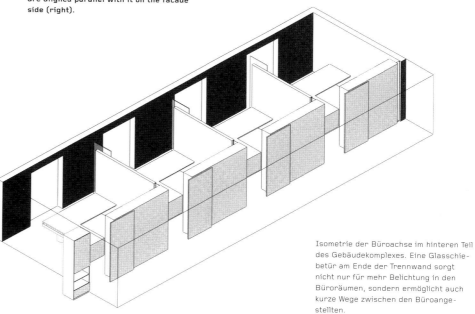

Isometrie der Büroachse im hinteren Teil des Gebäudekomplexes. Eine Glasschie-betür am Ende der Trennwand sorgt nicht nur für mehr Belichtung in den Büroräumen, sondern ermöglicht auch kurze Wege zwischen den Büroange-stellten.

Isometric representation of the office axis at the rear of the complex. A slid-ing glass door at the end of the dividing wall not only provides better lighting for the offices, but also makes possible shorter routes for employees.

WOLFRAM POPP

Berlin

Wolfram Popp hat sein Büro mit bisher zwei Mitarbeitern in dem von ihm selbst errichteten „Estradenhaus". Trotz eines Architekturdiploms bezeichnet er sich selbst als Autodidakt. Sein Studium währte im konventionellen Sinn lediglich drei Semester. Weil er an der Universität wenig experimentellen und freien Austausch von Ideen vorfand, widmete er sich dort ausschließlich eigenen Projekten oder Wettbewerben, die er selbstbewußt unter eigenem Namen einreichte.

Sein bisher größtes realisiertes Bauprojekt, das „Estradenhaus" in der Choriner Straße, zeigt exemplarisch sein Streben nach größtmöglicher Eigenständigkeit. Keinen Auftrag, keinen Wettbewerb gab es für dieses mehrgeschossige Wohngebäude in einer Baulücke, sondern lediglich den Willen von Popp, es zu bauen. Er hält es für einen Fehler, in Kategorien wie klein oder groß, Konzept oder Detail zu denken. Wichtig ist nur die eigene Haltung und die Lust an den Dingen, die man tut: „Man sucht sich als Architekt ein Grundstück, eine Situation oder ein Problemgebiet, entwickelt ein Projekt dafür und nennt den Preis. Das finde ich einfach gut. Zwar kann ich es nicht selber finanzieren, aber ich kann es inszenieren."

Zuerst hat Popp sich bewußt für ein städtisches Grundstück in einem Sanierungsgebiet entschieden. Während er bereits die ersten Entwurfsskizzen anfertigte, suchte er sich einen Investor für das Haus, der die damals geltenden Sonderabschreibungen nutzen wollte. Popp überzeugte den Käufer aber auch durch seine eigene Bereitschaft, größere Verantwortung bei der Planung und Realisierung zu übernehmen. Zuvor hatte er nämlich eine eigene Bauträgerfirma gegründet, die offiziell das Grundstück kaufen und für die Durchführung des Projektes zuständig sein sollte; außerdem konnte er in dieser Funktion das Haus noch vor seiner Fertigstellung verkaufen. Es ist klar, daß in diesem Moment „das Abenteuer begann". Denn Geld für den Grundstückskauf hatte Popp keines, er mußte binnen weniger Monate einen Käufer für das Haus finden. Eine normale Ausschreibung war nicht möglich, da Popp von bestimmten konstruktiven und materiellen Lösungen erst Prototypen bauen mußte. Doch auch hier konnte er überzeugen und die meisten Firmen dazu bewegen, die Kosten genau zu kalkulieren.

Mittlerweile warnt Popp potentielle Nachahmer vor dem hohen finanziellen Risiko des Modells, und sei es nur wegen der veränderten steuerlichen Situation. Doch von seiner Grundhaltung, etwas zu realisieren, was andere für unmöglich halten, ist er nicht abgerückt. Nicht zuletzt baut er gerade unmittelbar auf dem benachbarten Grundstück einen mehrgeschossigen Wohnungsbau, diesmal mit Eigentumswohnungen, so daß er statt eines Investors mehrere Eigentümer von seinem Projekt überzeugen muß, was ungleich mühsamer ist.

Enttäuscht wird jeder, der Popp für einen reinen Praktiker hält. Seine „Architektur des Handelns" bezieht sich ebenfalls auf das Denken. Nichts hält Popp für bedenklicher als die in Deutschland übliche Trennung zwischen Theorie und Praxis. In seinem Seminar „Macht und Ohnmacht der Ideen" an der TU Berlin ging es ihm vornehmlich um die Vermittlung von Arbeitsmethoden für die Studenten, bei denen Theorie und Praxis gleichwertig nebeneinander stehen. Analog zu seiner eigenen Vorgehensweise gibt es zu Beginn des Seminars eine ausgewählte „Situation". Diese muß nicht ein konkreter Ort sein, es kann sich auch um ein Begriffspaar handeln. Alles, was den Studenten zu der gestellten „Situation" einfällt, wird notiert, gesammelt und anschließend in der Gruppe diskutiert. Auf keinen Fall soll es Festlegungen auf eine anfängliche Idee geben, sondern in einem ständigen Prozeß des Reflektierens des eigenen Handelns sollen möglichst viel Unsicherheiten abgelegt werden, indem man lernt, daß auch das ins Unreine Produzierte für einen selbst und andere wertvoll sein kann.

Wolfram Popp has his office with two assistants in the "Estradenhaus", which he built himself. Despite a diploma in architecture, he refers to himself as an autodidact. His studies – in the conventional sense – lasted only three semesters. Because there was so little experimental and free exchange of ideas at the university, he devoted himself exclusively to his own projects or to competitions, which he confidently entered under his own name.

His largest realized project to date, the "Estraden-haus" on Choriner Straße, exemplifies his efforts to achieve maximum independence. Neither commission nor competition preceded the erection of this multi-story apartment house, inserted into a gap site: there was just Popp's determination to build it. He views it as an error to think in categories like large and small, concept or detail. What is important is only one's attitude and the joy taken in what one does: "As an architect, you locate a site, a situation, or a problem, develop a project for it, and name a price. I like this. I can't finance it myself, but I can make it happen."

First of all, Popp decided consciously for an urban site in a zone undergoing rapid rehabilitation. While preparing the initial designs, he looked for an investor for the house who wanted to use the then valid special depreciation and tax allowances. Popp persuaded the buyer partly through his own readiness to assume enormous responsibilities for planning and realization. In fact, he had previously founded a development firm to purchase the building lot officially and to remain responsible for carrying the project through. In addition, he could, in this capacity, sell the house prior to its completion. Clearly, at this moment began the "adventure". For since Popp did not actually have the funds to purchase the lot, he had to find a buyer for the house within just a few months. A normal invitation to bidders was not possible, because Popp had first to construct proto-

types for certain structural and material solutions. But here too, he was very convincing, and most of the firms involved were persuaded to calculate the relevant costs precisely. In the meantime, Popp warns potential imitators of the high financial risks of this model, if only because of the revised tax situation. But he would not be dissuaded from his basic attitude: he had to see through to the end what most people might have considered to be impossible. Not least is the fact that he built a multi-story apartment building on the immediately abutting lot, this time with privately owned units, so that in place of a single investor, he had to sell the project to many potential buyers, a far more difficult task.

Yet anyone who expects Popp to be purely practical will be disappointed. His "architecture of action" is also concerned with thought. Nothing is more dubious, according to Popp, than the usual German separation of theory from practice. In his seminar "Power and impotence of ideas" at Berlin's Technical University, it is principally a question of transmitting working methods to students which give equal emphasis to theory and practice. By analogy with his own approach, there is a selected "situation" at the beginning of the semester. This must not be a concrete location; it may even deal with a pair of ideas. Everything which occurs to the students regarding the assigned "situation" is jotted down, collected, and finally discussed by the group. Under no circumstances should there be a premature commitment to an initial idea, but instead an ongoing process of reflection on one's own behavior, while shedding as many uncertainties as possible, in order to learn that what is produced messily may be of value, both to oneself and to others.

Pixelpark

Berlin

Für die Berliner Multimedia-Agentur Pixelpark baute
Wolfram Popp 1995 in nur viereinhalb Monaten Pla-
nungs- und Bauphase eine Fabriketage um. Das projekt-
bezogene Arbeiten – zwischen Produktion und Idee,
Einzelarbeit und Gruppenarbeit, Rationalisierung und
Experiment ständig hin und herpendelnd – kommt
Popps Architekturauffassung sehr entgegen. Eine Auffassung, die Bereiche definiert, aber nicht determiniert,
so daß Austausch und Veränderung möglich ist. Das
Raumkonzept für Pixelpark läßt sich deshalb in keine
der drei herkömmlichen Kategorien für Büroräume ein-
ordnen: weder Zellen-, Großraum- noch Kombibüro
(einfache Addition der ersten zwei), sondern eine
„Sowohl-Als-Auch-Lösung", die zwar eindeutig durch
Gestaltung den Raum organisiert, aber nicht durch
bloßes „Design" der Firma Corporate Identity verschafft.

Der ganze Raum wird durch drei raumbildende Elemente geprägt, die jeweils auf spezifische Weise
wandelbar sind. Dominant sind die Arbeitsbereiche, die
raumhohen „Blobs", eine leicht nach innen gebogene,
selbstragende Glas-/Holzkonstruktion, die aus horizontalen Brettschichtholzplatten, den „Boomerangs", und
aus dazwischen liegendem „Glasfaltwerk" aus Sicherheitsglas besteht. Trotz ihrer Größe wirken sie durch die
feinsinnige Konstruktion leicht und spielerisch. Das
zweite Element sind die „Propeller", drei bewegliche
„Flügel" aus gesandstrahltem Sicherheitsglas zur flexi-
blen Raumaufteilung für Besprechungen. Das „Aquarium" ist das Zentrum des Raumes und besteht ebenfalls aus beweglichen Wandtafeln aus Sicherheitsglas,
welche ein durchlässiges Rechteck bilden, in dessen
Mitte sich das „Surfbrett", der große Konferenztisch aus
Erle-Vollholz, befindet. Das „Aquarium" dient als
„Megamitte" nicht nur Konferenzen und Seminaren,
sondern kann auch als Projektionsfläche bei Multime-
diapräsentationen genutzt werden.

Insgesamt entsteht eine Arbeitswelt für Ideen, in
der beliebig viele Beziehungen hergestellt werden können, ohne daß der Raum orientierungslos wird.

In 1995, Wolfram Popp renovated a loft space for the
Berlin multimedia firm Pixelpark; planning and construction lasted only four 1/2 months. The project-related work
of the firm – shuttling constantly between production
and idea, solo and collective work, rationalization and
experiment – is well-suited to Popp's approach to architecture. With such a concept, domains of work are defined, yet not determined, so that exchange and modifi-
cation always remain possible. The spatial concept for
Pixelpark thus cannot be assigned any of the three
traditional categories for offices: here we find neither
cells, collective office, nor a combination office (meaning
simply the addition of the first to the second), but instead
an "as-well-as solution" that decisively organizes the
space through formal arrangement, but without furnish-
ing the company with a corporate identity via "Design".

The entire space is impressed with three space-
articulating elements, each changeable in specific ways.
The work areas are dominant, that is, the ceiling-high
"blobs", or structural glass-wood constructions which
arch slightly inward, consisting of a horizontal glued
laminated wood panels (the "boomerangs"), as well as
the glass folding-doors lying between them, made of
safety glass. Despite their size, their sensitive construction lends them a light, playful aspect. The second
element consists of the "propeller", three moveable
"wings" of sand-blasted safety glass, allowing flexible
space organization for meetings. The "aquarium" is the
center of the room and also consists of moveable wall-
panels of safety glass, forming a transparent rectangle,
at whose center is the "surf-board", the large solid alder-
wood conference table. The "aquarium" serves as "mega-
center" not only for conferences and seminars, but may
also be used as a projection screen during multi-media
presentations.

The result is a working environment for ideas, in
which many relationships can be created at will, but not
in such a way that the space is devoid of orientation.

Blickausschnitt durch
das Glasfaltwerk und die
„Boomerangs" der „Blobs".
Je nach Licht und Stand-
punkt wirken sie transpa-
rent oder opak.

**Sectional view through
the glass folding doors and
the "boomerangs" of the
"blobs". According to
lighting and point of view,
they appear either trans-
parent or opaque.**

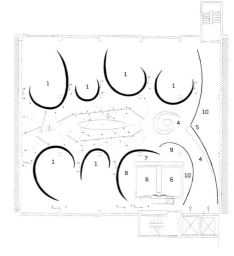

Trotz der Transparenz der „Blobs" vermißt
niemand das Gefühl von Innenräumlichkeit.

**Despite the transparency of the "blobs",
the sensation of being in an interior
space is unmistakable.**

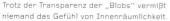

Blick von einem Arbeitsplatz durch die
„Blobs" in den Raum; oben mit offenem,
unten mit geschlossenem „Aquarium".

**View from a work-station through the
"blobs" into the main room; above with
open, below with closed "aquarium".**

Das „Aquarium" mit dem Konferenztisch
kann durch seine beweglichen Wandteile
aus gesandstrahltem Sicherheitsglas verschiedene Zustände von völlig geschlossen
bis völlig offen annehmen. Je nach Zustand
können benachbarte Zonen durch die
„Propeller" dazu geschaltet werden.

**The "aquarium", with its moveable wall
sections of sand-blasted safety glass and
conference table, can assume various
configurations, ranging from completely
closed to fully open. According to circumstances, the neighboring zones may be
linked to it via the "propeller blades".**

Estradenhaus
Estrade-House

Berlin

Das siebengeschossige Estradenhaus in der Choriner Straße im Prenzlauer Berg (zehn Wohnungen, zwei Büros, ein Laden) hat Wolfram Popp in eigener Bauträgerschaft realisiert und damit die mittlerweile eingebürgerte Auffassung, im Wohnen gäbe es nichts mehr zu entwickeln, widerlegt. Da Wolfram Popp sich dazu bekennt, von innen nach außen zu entwerfen, war die Idee des Wohnens bei diesem Projekt zentral.

Zwei Wohnungen auf jedem Geschoß, 108 und 79 qm, bestehen jeweils aus einem Einraum und einer Servicezone, die die volle Tiefe einnehmen. Doch sind beide einerseits miteinander und andererseits zum Außen so raffiniert korreliert, daß die ganze Wohnung zu einer gelungenen Mischung aus Großzügigkeit, Komfort und Rückzugsbereichen wird. Wolfram Popp baut keine geschlossenen Räume, sondern Bereiche, deren Ränder offen und beweglich sind, so daß man eine Vielzahl von Nutzungsoptionen hat.

Zwei Elemente bestimmen dieses Verhältnis. Zum einen die namengebenden Estraden an Vorder- und Rückseite, ein jeweils 40 cm hohes und 1,80 m tiefes Podest über die ganze Breite der Wohnung, das als besondere Raumzone zugleich als privater und vermittelnder Bereich zwischen innen und außen genutzt werden kann, insbesondere wenn die raumhohen Fenstertüren, die um 180° drehbar sind, geöffnet sind, so daß Estrade und Balkon zusammen eine großzügige Loggia bilden. Der Eindruck des Entrücktseins von Alltagssorgen wird noch durch die Tatsache verstärkt,

Wolfram Popp built the seven-story Estraden House on Choriner Straße in Prenzlauer Berg (two apartments, two offices, one shop) with his own development company, at the same time refuting the well-established view that nothing new could be developed in residential architecture. Since Wolfram Popp professedly designs from the inside out, the concept of dwelling was central to the project.

Each of the two apartments per floor, measuring 108 and 79 square meters respectively, consists of a main area and a service zone which runs the full depth of the unit. The two are so sensitively correlated, both with one another as well as with the exterior, that the whole is a successful combination of spaciousness, comfort, and privacy. Wolfram Popp doesn't build closed rooms, but rather areas whose borders remain open and alterable, thereby offering a variety of options for use.

Two elements determine these relations. First, there are the estrades – hence the name – which are elevated platforms, each 40 cm high and 1.8 meters deep, running along the entire width of the apartment, at front and rear. These special spatial zones can be used as intimate and mediating areas between interior and exterior, especially when the ceiling-high French doors, which can be rotated 180°, are opened, so that estrade and balcony combine to form a generous loggia. The impression of being removed from everyday cares is strengthened by the fact that, there, where the estrade begins, the ceilings spring

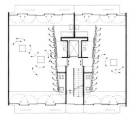
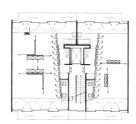
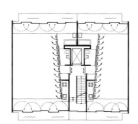

daß dort, wo die Estrade beginnt, auch die Decke um 40 cm in der Höhe verspringt. Die oberen Fensterrahmen sind nicht mehr sichtbar, der Blick wird nach oben und in die Weite gelenkt, außerdem fällt dadurch mehr Licht in die Wohnungen.

Das zweite wesentliche raumbildende Element ist die über die ganze Tiefe reichende "Kiemenwand", die den Raum vom Servicebereich trennt. Sie besteht aus zwölf raumhohen Holzplatten, die oben in zwei, unten in einer Schiene laufen und sich deshalb sowohl schieben als auch drehen lassen. Durch diese "Kiemen" kann der Raum je nach Bedürfnissen orchestriert werden. Küche und Bad können offener Bestandteil der Wohnung sein oder auch nicht, der Eingang kann zur kleinen Halle werden oder ganz verschwinden, kleine Nischen für Schränke können entstehen oder auch nur glatte Flächen, und natürlich sind sämtliche Zwischenlösungen oder Kombinationen wählbar. Es versteht sich von selbst, daß diese "Wand" genau wie die meisten Einbauten und konstruktiven Details eine Erfindung von Wolfram Popp ist. Bis auf die Stahlbetonkonstruktion und die Fertigteildecken aus Sichtbeton gibt es nur eigens entwickelte Prototypen, die von der Sanitärinstallation bis zu den großen Eingangstüren reichen, welche nicht aufschlagen, sondern geschoben werden. Dennoch wirkt nichts übertrieben gestaltet. Vom Konzept bis zum kleinsten Detail ist alles auf Zweckmäßigkeit und Komfort ausgelegt.

upward about 40 cm. The upper window frames are no longer visible, the gaze is led upward into the distance, and in addition, more light enters the unit.

The second essential space-articulating element is the "gill-wall", reaching though the entire depth of the unit, and separating the main room from the service area. It consists of 12 wooden ceiling-high panels that run on two tracks above and one below, and can thus be slid as well as rotated. Through these "gills", the space can be orchestrated according to need. Kitchen and bath can be either open or closed zones, and the entryway can be either a small hallway or disappear entirely. Small nooks can be created for cabinets, or else become flat surfaces, and of course, any number of interim solutions and combinations can be elected. It goes without saying that these gill-walls, as well as most of the other built-in features and constructive details were discoveries of Wolfram Popp. With the exception of the reinforced concrete structure and the prefabricated floors of exposed concrete, there are only specially developed prototypes. These include the sanitary facilities and even the large entry doors, which slide rather than open in the usual fashion. But nothing has the effect of being exaggerated in design. From overall conception to the tiniest detail, everything is laid out for the sake of functionality and comfort.

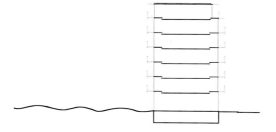

Querschnitt durch das Haus. An der Stelle der Estraden verspringen die Decken um 40 cm. Die topographische Gestaltung des Hofes gehört ebenfalls zum Entwurf.

Cross section. The ceiling springs upward ca. 40 cm above the estrades. The courtyard is also part of the design.

Ansicht vom Hof | **View from courtyard**

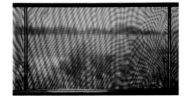

Das feinmaschige Gewebe der
Balkonbrüstungen erzeugt flimmernde
Effekte und erlaubt wie ein Schleier das
ungesehene Beobachten von innen.

**The fine-mesh weave of the balcony
balustrade produces a shimmering
effect and, veil-like, permits
unobserved observation from within.**

Blick durch die Stahlgitterroste der
Balkonböden nach unten.

**View downward through the steel-lattice
grating of the balcony flooring.**

Ansicht von der Straße. Das Metallgewebe der horizontal
durchlaufenden Balkonbrüstungen bietet Sichtschutz. Steht
man jedoch unmittelbar unter den Balkonen, kann man durch
den Stahlgitterrost der Balkonböden hindurchsehen.

**View from the street. The wire weave of the continuous
horizontal balcony balustrade offers privacy. Someone
standing directly underneath the balcony, however, can see
through the steel-lattice grating of the balcony flooring.**

Blick von der an der Straße gelegenen Estrade quer durch den Raum der kleineren Wohnung mit zum Teil geöffneter „Kiemenwand". Zusammengeschoben ist sie etwa 1,80 m, ausgezogen etwa 9,50 m lang.

View from the street-side estrade into the smaller apartment, with partly open "gill wall". When collapsed, it is about 1.8 meters long; when expanded, about 9.5.

Blick durch den Raum mit geschlossener „Kiemenwand". Der Boden des Raums besteht aus blauem Epoxydharzbelag, die Estraden haben ein Buchenholzparkett.

View through the room with closed "gill-wall". The floor consists of blue epoxy resin coating, the estrades of beech-wood parquet.

Das Badezimmer ist eigentlich ein Badebereich. Es verbirgt sich zwar hinter den letzten drei „Kiemen", zusammen mit Estrade und Balkon wird es aber trotz seiner geringen Größe zum Luxusraum.

The bathroom is actually a bathing area. It is concealed behind the final three "gills", and despite its diminutive size, it becomes, with estrade and balcony, a space of great luxury.

Bilder vom Gebrauch der Estraden, die entweder als „privaterer" Bereich (Schlafen, Lesen, Arbeiten) oder als „öffentlicher" (Essen, Loggia, Sitzecke etc.) genutzt werden.

Images showing uses of the estrades, either as a more "intimate" area (for sleeping, reading, working), or as "public" zones (for dining, as a loggia, sitting area, etc.).

Ausstellungshalle documenta
Exhibition Hall for documenta

Kassel

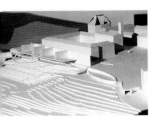

Modellphoto.
Das Gebäude versteht sich
selbst als eine städtebauliche
Rauminstallation.

Model photo.
The building is conceived as
a spatial installation within
an urban context.

1989 nahm Wolfram Popp zusammen mit dem Künstler Eran Schaerf an dem Realisierungswettbewerb „Ausstellungshalle Documenta Kassel mit dem Friedrichsplatz" teil. Beider Entwurf trägt den Untertitel „Ausstellen? Definitionen, Volumen, Ränder". Er beschäftigt sich mit der Frage, wie zeitgenössische Kunst überhaupt ausgestellt werden kann. Aufgrund der oft raumübergreifenden Installationen kam ein konventioneller Museumsbau für Popp und Schaerf nicht in Frage. Statt eines abgeschlossenen Komplexes schlagen sie ein Gebäude vor, das lediglich Bereiche, Volumina und Ränder definiert und damit zu einem Teil des städtebaulichen Kontextes wird. Deshalb positioniert sich ihr Entwurf auch nicht am ausgewiesenen Standort neben dem Theater, sondern als Abschluß zur Aue im Dialog mit dem Theater, der über ein fischförmiges erhöhtes Wasserbecken vermittelt wird.

Der Entwurf für die Ausstellungshalle wird von zwei Komponenten bestimmt: einem „schwebenden" Plateau, auf dem sich die Ausstellungsbereiche befinden, und einem Stützenwald aus sehr schlanken Spannstahlstützen, die unterschiedlich dick und unterschiedlich dicht verteilt das Plateau und das Dach tragen. Durch die Proliferation der Stützen, deren minimaler Abstand durch die Breite eines Kinderwagens und deren maximaler Abstand durch die Statik bestimmt wird, entsteht der schwebende

In 1989, Wolfram Popp participated, together with the artist Eran Schaerf, in the competition "Exhibition Hall for the Documenta at Kassel, with the Friedrichsplatz". The design bore the title: "Exhibiting? Definitions, Volumes, Peripheries". Popp took up the question of whether or not contemporary art can be exhibited at all. Because of the spatial extension of many installations, a conventional museum building was out of the question for Popp and Schaerf. Instead of a closed complex, they proposed a building that simply defines areas, volumes, and peripheries, thus becoming to an extent a part of the urban context. Therefore, their design was not planned for the designated location next to the theater, but instead positioned at the end of the meadow, entering into a dialogue with the theater with a raised fish-shaped basin. The design for the exhibition hall is determined by two components: a "floating" platform, where the exhibition area is located, and a forest of columns, slender pre-stressed steel supports of varying thickness and scattered positions, which take up the load of platform and roof. The proliferation of the columns, whose minimal distance from one another is determined by the size of a baby-stroller, the maximum interval through load-bearing neces-

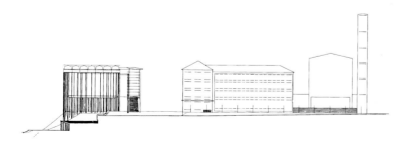

Ansicht von der Auenseite. Ein Teil der Stützen trägt das
Dach und steht vor der Glashaut. Zusammen bilden sie die
"Fassade" aus unterschiedlichen Durchblicksmöglichkeiten.

View from the meadow side. Some of the supports carry
the roof and stand in front of the glass skin. Together, they
compose the "facade" through which there are varying views.

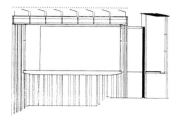

Querschnitt. Erst die Vielzahl schlanker Stützen erzeugt den „schwebenden" Effekt des Plateaus. An der Straßenseite befindet sich der Weg entlang der gebäudehohen Mauer.

Cross section. The multitude of slender supports produce the platform's "floating" effect. On the street is the pathway along the building-high wall.

Eindruck des Plateaus, da das klassische Motiv von Tragen und Lasten visuell nicht mehr ablesbar ist. Entsprechend dieser Aufweichung fester Prinzipien gibt es auch keine Eingangshalle, sondern eine lange einläufige Treppe an der hinteren Längsseite nach oben, daran anschließend einen Weg entlang einer gebäudehohen Mauer, von dem aus die Ausstellungsbereiche erschlossen werden.

Zur Straße hin ist das Gebäude völlig verglast, doch da die äußeren Stützen, die das Dach tragen, vor der Glashaut stehen, wird man sowohl von innen als auch von außen mit changierenden Effekten des völligen oder gebrochenen Durchblicks konfrontiert, je nachdem, welchen Standpunkt ein Betrachter einnimmt. Auf diese Art definiert das Gebäude Volumen und Ränder, ohne sich zu seiner Umgebung abzugrenzen bzw. die ausgestellte Kunst abzuschließen.

sities, produces the platform's floating effect, since the classical motif of load and support is no longer visually evident. Corresponding to this weakening of fixed principles, there is no entrance hall, but instead a long, single staircase on the long side to the rear, connecting to a path along a building-high wall, from which the individual exhibition areas are accessible. To the street behind, the building is completely glassed in, yet because the external supports carrying the roof stand before this glass skin, the observer is confronted from within as well as from without with the changing effects of a completely open or a broken view, depending upon which standpoint is assumed. In this way, the building defines volumes and peripheries, without closing itself off from its surroundings, and without isolating the works of art on display.

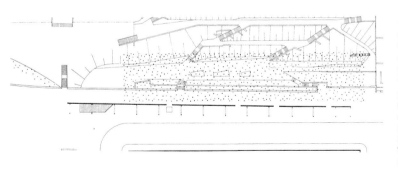

Erdgeschoßgrundriß: der durchlässige Stützenwald. Die unregelmäßige Dichte und Position der Stützen ergibt sich aus einem Wechselspiel zwischen visuellem Effekt und statischen Anforderungen. Durch genaue Berechnung der Lastverteilung auf der Fläche kann punktuell, zum Beispiel mittels verstärkter Bewehrung, auf höhere Lasten reagiert werden.

Ground floor plan: the premeable forest of columns. The irregular thickness and position of the supports results from an interactive play between visual effects and load-bearing requirements. Through the precise calculation of load distribution upon the surface, it is possible to respond to higher loads at certain points, for example by means of increased reinforcement.

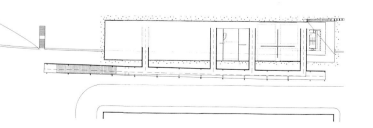

Grundriß des Ausstellungsbereiches bzw. des Plateaus. Statt einer Eingangshalle erreicht man auf der Straßenseite über eine einläufige offene Treppe und den anschließenden Weg die einzelnen Ausstellungsbereiche.

Floor plan of the exhibition area and platform. There is no entry hall, and the individual exhibition areas are reached by means of a single open staircase beginning on the street side, with its connecting pathway.

ANTON MARKUS PASING

Münster

Der Lebenslauf von Anton Markus Pasing scheint klassisch: Architekturstudium, Meisterschüler, Bürogründung, Assistenz, Stipendien. Nimmt man jedoch sein 1998 erschienenes Buch „remote controlled architecture" zur Hand, könnte man mutmaßen, der Verfasser sei freier Künstler, Märchenerzähler oder Drehbuchautor, der sich unter anderem auch mit Architektur beschäftigt. Tatsächlich muß Pasing – zumal in der Bundesrepublik – als Einzelgänger bezeichnet werden. Statt schöne Architekturphotos und -zeichnungen zu präsentieren, läßt er computergenerierte Roboter, Cyborgs, Klons, Hausmaschinen, Mutanten – teilweise mit technischen Beschreibungen – mit Hilfe einer dazu erfundenen Story durch die postindustrielle Welt wandern und wüten, damit sie sich dort in parasitärer Weise einnisten. Wie die meisten technischen Objekte verführen und entmündigen sie zugleich. Nur ihr aggressives Äußeres und die Tatsache, daß manche von ihnen mit einer eigenen Intelligenz ausgestattet sind, läßt den Leser aufmerksam, wenn nicht gar argwöhnisch werden.

Dieser Effekt ist natürlich beabsichtigt. Pasing entwirft insektenähnliche Maschinen, die „demokratisches" Glas fressen, „agile selbstsüchtige Wohnmaschinen" für die Vororte, Häuser, die fast unsichtbar sind, weil ihre Hülle nur noch aus Flachbildschirmen besteht, Fernbedienungen, mit denen man sich sein Lieblingshaus zusammenstellen kann, Räume der Einsamkeit, die aussehen wie Abschußrampen. Die dazugehörigen Geschichten und Bilder scheinen nur auf den ersten Blick phantastisch. Denn die Gestalt der Objekte entlehnt sich zwar häufig populären Science-Fiction-Filmen, doch wo sonst werden die wohl verbindlichsten Klischees für das Aussehen und die Nutzung von Maschinen entwickelt? Und genauso wie in den meisten Science-Fiction-Filmen sind auch die Geschichten und Objekte von Pasing nur eine Zuspitzung der Realität, die von den Medien- und Kommunikationstechnologien so durchdrungen ist, daß sich daraus räumliche Konsequenzen ergeben, die wirkungsmächtiger als Architektur und Städtebau sind.

Da die Technologien des 20. Jahrhunderts zusammen mit wirtschaftlichen Interessen und politischen Entscheidungen die Stadtentwicklung maßgeblicher als jene Disziplin beeinflussen, die sich nach wie vor für kompetent hält, erschöpft sich jede akademische Theorie nach Meinung von Pasing bloß in „historic fiction". Der einengenden Lehrmeinung stehen Millionen von Autos und Eigenheimbesitzer entgegen, von denen jeder einzelne das Bild der Stadt und ihres Umlandes in beschleunigter Weise verändert. Für Pasing, der sich selbst sehr wohl als Architekt ansieht, ist Städtebau als akademischer Lehrstoff überholt. Statt dessen sollten besser Themen wie Wirtschaft, Soziologie, Physik, Politik und Futurologie gelehrt werden. Mindestens jedoch sollte Städtebau experimenteller, spielerischer und radikaler sein. Die Objekte und Geschichten von Pasing wollen in diesem Sinne Mechanismen der Stadt- und Architekturentwicklung visualisieren, die bereits wirksam, aber noch verborgen sind.

Das Projekt „Genesis 9" zum Beispiel, ein Baby-Android mit „Soundsystem", „Gesichtsmodulation" und „hautsympathischer Oberfläche", bedient sich nicht nur bereits vorhandener Technologien, sondern erweitert das Tamagochi-Prinzip auf eine Gesellschaft mit einer zunehmenden Zahl kinderloser Singles, die ein Wunschkind haben möchten. Zusammen mit den Projekten „1000 Häuser" und „Omnipotentor" können die zeitgemäßen Vertreter der „selbstgebastelten Identitäten" ihre Wünsche programmieren und umsetzen: Babies, Häuser und Stile per Knopfdruck. „Die Welt ist ein Supermarkt", so Pasing, man hat freie Auswahl, aber nur im Rahmen der gegebenen Möglichkeiten. Hinter jedem Knopfdruck verbirgt sich eine Kontrollfunktion. Und diese wird nicht mehr von Architekten ausgeübt. Deshalb plädiert Pasing für eine offensive Veränderung des traditionellen Berufsbildes. Die nur noch mäßig schützenden Mauern müssen fallen. Architekten sollen werben dürfen, da die Architektur bereits den Regeln des Marktes unterworfen ist. Vor allem soll der Austausch und die Zusammenarbeit mit anderen Disziplinen stärker gefördert und praktiziert werden. Denn die freie künstlerische Arbeit, die sich um Theorien oder disziplinäre Grenzen nicht schert und den Zufall oder den Gedankenblitz zum Projekt macht, birgt für Pasing die Möglichkeit, der Oberflächlichkeit zu entkommen.

Anton Markus Pasing's curriculum vitae appears classic: architectural studies, master class student, founding of his office, lecturership, grants. Yet when we open his 1998 publication "remote controlled architecture", we might easily imagine its author to be an independent artist, a teller of fairy-tales, or an author of screenplays, one involved with architecture among many other things. Actually, Pasing must be – especially in the Federal Republic – classified as a loner. Instead of presenting beautiful architectural photos and drawings, he allows computer-generated robots, cyborgs, clones, domestic machines, mutants – to some extent with technical descriptions – to wander and rage, with the help of fantastic stories, through the post-industrial world, nesting there in parasitic fashion. Like most technical objects, they seduce and infantilize at once. Only their aggressive exteriors and the fact that most of them have been supplied with independent intellects, makes the reader attentive, if not downright suspicious.

Of course, this effect is intentional. Pasing sketches insect-like machines who devour "democratic" glass; and "selfish-machines-for-living-in" for the suburbs; houses that are almost invisible, since their outer layers consist of flat screens; remote controls with which one can assemble one's dreamhouse; rooms of loneliness, resembling launching platforms. The accompanying stories and pictures only appear fantastic at first glance. For the objects are often designed after popular science-fiction movies – and where else have the most persistent clichés been developed determining the appearance and use of machines? And precisely as in the majority of such films, Pasing's stories and objects are only an exaggeration of a reality that is so saturated by media and communications technology that spatial consequences emerge from these, and more effectively than from architecture or urban planning.

Since the technologies of the 20th century, together with economic interests and political decisions, have had considerably more influence on the growth of cities than any of the disciplines which still regard themselves as responsible, such academic theories finally exhaust themselves, in Pasing's opinion, in mere "historical fictions". And in opposition to standard doctrine are millions of car and private home-owners, everyone of whom alters the city's image and its environs ever more rapidly. For Pasing, who does view himself as an architect, urban planning is an obsolete academic pursuit. Topics such as economics, sociology, physics, politics, and futurology should rather take its place. At the very least, urban planning must become more experimental, playful, and radical.

In this sense, Pasing tries, with his objects and stories, to visualize mechanisms for the development of architecture and urban space that are already effective, yet remain latent.

The project "Genesis 9", for example, a baby android with "sound-system", "face modulation", and "skin-friendly surface", takes advantage not only of available technology, but also extends the "Tamagochi principle" to a society with growing numbers of childless singles who suddenly and for a brief period, want to enjoy a fantasy child. Together with the projects "1,000 Houses" and "Omnipotentor", the up-to-date representatives of the "self-concocted identities" may program and realize their desires: babies, houses, and styles at the push of a button. "The world is a supermarket", says Pasing, and everyone has a free choice, but only within the framework of given possibilities. Behind every push of a button, a control function is concealed. And these are no longer the province of architects. Therefore, Pasing argues for an aggressive transformation of the traditional image of the profession. The remaining only moderately protective walls must fall. Architects should advertise the fact that architecture is already subject to the laws of the market. Above all, exchange and collective work with other disciplines must be more strongly promoted and practiced. For it is free artistic work, which doesn't bother with theories or disciplinary boundaries, converting chance occurrences or sudden inspirations into projects, that harbor, for Pasing, the possibility of escaping from superficiality.

Invisible Tower

Rio de Janeiro, 1995-97

Die Hülle des Invisible Tower besteht gänzlich aus Flachbildschirmen, die nicht irgendwelche Bilder aus aller Welt zeigen, sondern exakt das, was sich aus der Perspektive eines Betrachters hinter dem Turm befindet. Die Bilder werden von Kameras aufgenommen und in Echtzeit ausgesendet, ein Computer gleicht Oberflächenkrümmungen aus, so daß der Turm als Objekt tatsächlich unsichtbar werden soll.

The envelope of the Invisible Tower consists entirely of flat screens showing not pictures from all over the world, but only precisely that which, from the perspective of the viewer, is found directly behind the tower itself. The images are taken by cameras and broadcast in real-time, while a computer smoothes out the breaks between images, so that the tower actually becomes an invisible object.

Thema | Theme

Die äußere Form ist beliebig. Der Körper austauschbar. Material wird ersetzt durch Bilder. Nur das Innere hat Bedeutung. Körper ohne äußere Form.

Durch einen aus Flachbildschirmen bestehenden äußeren Fassadenring entsteht gleichzeitig eine doppelte Verleugnung, aber, durch das Moment der Lüge, auch eine doppelte Freiheit.

So können Orte besetzt werden, die niemals zuvor als Territorium zur Verfügung standen.

Insofern ist die Verleugnung des Inneren und des Privaten die adäquateste Analogie zu unserem Dasein. Die Lüge wird zur Wahrheit. Echtzeit.

The external form is optional, its frame exchangeable. Material is replaced by images. Only the interior has significance. Body without external form.

At the same time, a double denial is produced through an external facade-ring of flat screens, but also, precisely by means of this denial, a double freedom.
In this manner, locations can be occupied that were never previously available as territories.

To this extent, this denial of the interior and private is the most adequate analogy for our existence. A lie becomes the truth. Real-time.

Stadt | City

Es entstehen Plätze, wo keine sind, Körper werden zu Zerrbildern ihres Gegenübers. Flächige Ortung. Räumliche Verneinung.

Eine gänzlich aus diesen Reflexionsmaschinen bestehende Stadt würde zu einem Spiegelkabinett, einem unsichtbaren Ort... voller Schatten.

Places come into existence where there are none, bodies become distorted images of their opposites. Two-dimensional locating. Spatial denial.

A city consisting entirely of such reflection machines would become a cabinet of mirrors, an invisible place... full of shadows.

Funktion | Function

In die Fugen der addierten Flachbildschirme der Hülle sind Minicameras integriert, die das von ihnen aufgenommene Bild bzw. Video in Echtzeit auf den jeweils rückseitig gegenüberliegenden Schirm projizieren. Die Steuerung übernimmt ein Computer.

Die auftretenden Verzerrungen, bedingt durch die Form des Baukörpers und durch Perspektivwechsel, werden durch ein Steuerungssystem minimiert.

Die verbleibenden Changierungen und Asynchronitäten lassen den Baukörper zusammen mit dem natürlichen Schattenwurf als authentischen Rest von Realität erahnen und ermöglichen so die fragmentarische Reflektion der Restrealität.

Integrated into the seams of the flat screens of the envelope are mini-cameras, and the images or videos produced by them are projected – in real-time – onto the corresponding screen on the opposite sides. The task of coordination is assumed by a computer.

The resulting distortions, conditioned by the building's form and by the changing perspectives determined by the viewer's position, are minimized by a steering system.

The remaining variations and a-sychronicities allow the building, together with the natural play of shadows, to be detected as an authentic remnant of reality, making possible fragmentary reflections upon this remainder of the real.

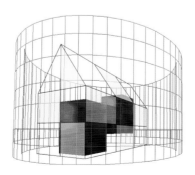

Ebenen der Lüge | **Levels of lies**

Einblick von oben | **View within from above**

Genesis 9

super tool, 1995/96

Technical data

Weight
3.100 – 3.900 gramme

Size 1 = 45 cm
Size 2 = 65 cm
Size 3 = 85 cm

Temperature
36,9 centigrade

Waterproof
down to 400 meters

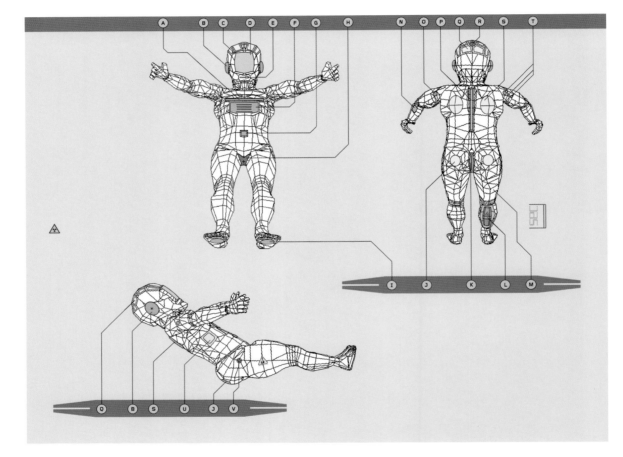

A Fax insertion / print issue

B Microphone / Sound system

C Stand-.-By Signal

D Monitor / face modulation

E Data track / disk drive

F Covered keyboard – removable (remote control)

G Track pad

H Free choice of gender (eagerly awaited child)

I Gravitation adaptor

J Car seat adaptor (forget special seats for children)

K Photo print issue (thermal sublimation process)

L Free choice of energy cell (even atomic cell)

M Skin-friendly surface texture

N Secondary input / control
O Switch to remote control or self-employment (e.g. play)

P Zipper for carrier bag, rain cape or emergency tent

Q Solar cell modules

R Multi-frequency receiver
(wireless telephone networks, satellite programmes, etc.)

S Magnets for wall-fixings

T Freely programmable keys for frequently used
express inputs (time is money)

U Cooling Chamber / first-aid store

V All-round interface with other computer units
(also available in covered version)

"Love - G" Enterprises, the world leader in
rugged field computing systems.

IT'S NOT A TRICK....

By the way: It will only obey your voice!

ALL- IN- ONE :

- Color printer
- Fax
- Computer/PC
- Handy
- Satellite TV
- Internet Connection
- Cigarette lighter
- Scanner
- Mini stereo-set with subwoofer system
- Sound-system for relaxation, e.g. sound modulations of ocean surf, rain, summer night and waterfall
- Body-watch system: constant control of vital functions (blood pressure, pulse and breathing frequencies)
- Alcohol tester
- First-aid kit
- Alarm-clock with multi-functional alarms, timer
- Sharpener
  and many more functions!
  Do not hesitate to ask us!

GENESIS 9 IS, AND OFFERS, ALL THIS:

- weather-proof
- serviceable in the open air
- robust, shockproof
- ergonomic design
- always with you
- low weight
- perfect design
- cuddly well-tempered surface
- remote control (not included in list price)
- computer-guided robotic system unit, free choice of programmes
- automatic speech analysis / processing
- speech / language recording function
- Gesture analysis

CONVENIENCE

You do not like complicated key combinations? Neither do we. Audiovisual sensors will lip-read your every wish. Even the analysis of finger language is no problem. Abroad, Genesis 9 will serve as your translator / interpreter.

MOBILITY MODI

1 Should you not require it, simply pack it into the integrated carrier bag in the rear section.
2 If desired, patterns of motion can be simulated according to the toddler-method. Here you see the "loyalty-crawl" style.
3 You can also take its "hand". It will, however, walk better than any real child. Of course, it can also move autonomously.
4 It will love you. If you take it in your arms, it will be happy and give you a friendly smile. (Your friends will certainly envy you.) Its weight is extremely light and guarantees high comfort when carrying.

Omnipotentor 1

Digitaldruck auf Leuchtkasten | **Digital print on lightbox,** 1997

Die Rationalisierung der Architektur beschränkt sich nicht nur auf Funktionen, Kosten und Bauteile. Auch Atmosphären, Materialwirkungen und Stile können im Zeitalter der Digitalisierung in Daten erfaßt werden. Der Omnipotentor 1 ist eine digitale Fernbedienung, mit deren Hilfe jede beliebige Architektur erzeugt werden kann. Eingabetastaturen und stufenlose Regler ermöglichen die Programmierung.

The rationalization of architecture is not restricted to questions of function, costs, and building parts. In the age of digitalization, atmosphere, material effects, and style can be grasped in quantitative terms as well. The Omnipotentor 1 is a digital remote control with whose help architecture may be produced at pleasure. Input keyboard and variable controls facilitate programming.

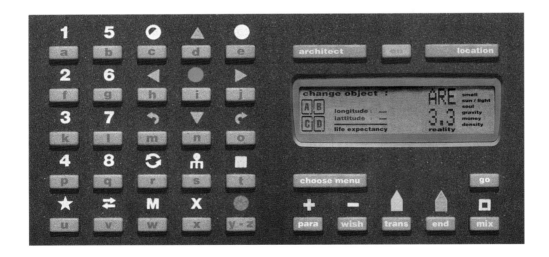

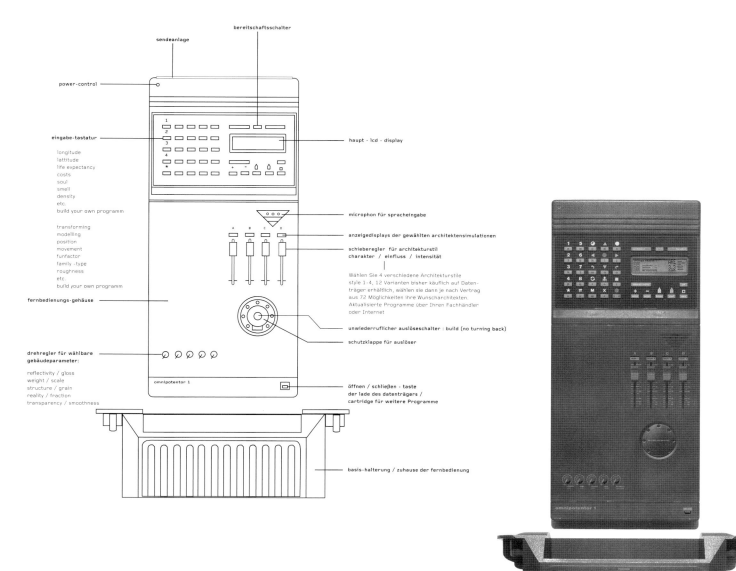

sendeanlage

bereitschaftsschalter

power-control

eingabe-tastatur

1
2
3
4
★

longitude
lattitude
life expectancy
costs
soul
smell
density
etc.
build your own programm

transforming
modelling
position
movement
funfactor
family -type
roughness
etc.
build your own programm

fernbedienungs-gehäuse

drehregler für wählbare
gebäudeparameter:

reflectivity / gloss
weight / scale
structure / grain
reality / fraction
transparency / smoothness

omnipotentor 1

haupt - lcd - display

microphon für spracheingabe

anzeigedisplays der gewählten architektensimulationen

schieberegler für architekturstil
charakter / einfluss / intensität

Wählen Sie 4 verschiedene Architekturstile
style 1-4, 12 Varianten bisher käuflich auf Daten-
träger erhältlich, wählen sie dann je nach Vertrag
aus 72 Möglichkeiten ihre Wunscharchitekten.
Aktualisierte Programme über Ihren Fachhändler
oder Internet

A   B   C   D

unwiederruflicher auslöseschalter : build (no turning back)

schutzklappe für auslöser

öffnen / schließen - taste
der lade des datenträgers /
cartridge für weitere Programme

basis-halterung / zuhause der fernbedienung

1000 Häuser | **1000 Houses**

Konzept für ein Computerspiel | Version 1.0/1997

Mitarbeit | Collaboration
Michael Esser

1000 Häuser ist ein Computerspiel bzw. ein Internetprojekt, das Häuser entwirft und baut. Anders als bei Omnipotentor 1 wird der Datenstamm nicht aus der Auflistung und Kategorisierung konventioneller architektonischer Bestandteile wie Form, Konstruktion, Material etc. gebildet, sondern aus geschriebenen Sätzen, die den einschlägigen Architekturzeitschriften und Lifestyle-Magazinen entnommen sind. Ein Generator stellt ausgewählte oder zufällig gewählte Sätze nach einfachen Regeln zusammen, die ausreichen, um letztlich ein Haus zu erzeugen.

1,000 Houses is a computer game and Internet project that design and builds houses. Differently than with Omnipotentor 1, the data-inventory is not composed of the listing and categorization of conventional architectural components such as form, construction, material, etc., but instead of written sentences taken from available architecture and life-style magazines. A generator combines selected or randomly chosen sentences according to simple rules, which are adequate to produce a house.

Vorwort | **Preface**

„1.000 Häuser" ist eine Maschine, die permanent Häuser baut.
"1,000 Houses" is a machine which builds houses all the time.

Idee | **Idea**

Nachdem Häuser gebaut sind, kommen die Journalisten von „Architektur & Wohnen", „Häuser", „Schöner Wohnen" und anderen Magazinen, um sie zu beschreiben und ihre Artikel dann in den Magazinen zu veröffentlichen.

1.000 Häuser benutzt diese Beschreibungen, um daraus neue Häuser zu bauen.

Gesammelt in einer Datenbank, erzeugt ein Generator zufällige Zusammenstellungen der Beschreibungen.
Auf diese Weise werden bis ans Ende aller Tage neue Häuser entworfen und gebaut.

Der Leser wird mit immer neuen Kombinationen der Beschreibungen konfrontiert, und stets entstehen dabei vollständige Häuser.

Once a house is built, journalists from "Architecture & Living", "Houses ", "House Beautiful" and other magazines will come by, in order to describe it and to publish articles about it in magazines.

"1,000 Houses" utilizes such descriptions in order to build new houses.

Collected into a data-bank, a generator produces random combinations of these descriptions.

In this way, new houses will be designed and built until the end of time.

The reader is confronted with ever-new descriptions/combinations, and the result each time is a complete house.

Konzept (Bauanleitung) | **Concept (building instructions)**

Die Beschreibungen bestehen stets nur aus einem Satz.
Dann folgt der nächste Satz, usw.
Die Sätze sind in der Datenbank strukturiert – Fundamente, Parterre, Etagen, Dach.
Diese Einteilung gilt für außen und innen.

Eine weitere Unterscheidung besteht in „öffentlichen Gebäuden" und „privaten Gebäuden".
Diese Strukturierung reicht aus, um stets voll funktionstüchtige Häuser entstehen zu lassen. Es entsteht kein Chaos, da der Generator, der die Sätze nun zu kompletten Hausbeschreibungen zusammensetzt, dies nach festen Regeln tut – ein Beispiel:
Ein Satz für privat oder öffentlich, ein Satz für das Fundament, ein Satz für das Parterre, drei Sätze für Etagen, ein Satz für das Dachgeschoß.

Dann wird innen weitergebaut.

Die Auswahl der Sätze innerhalb dieses Schemas erfolgt zufällig. Das garantiert immer neue und meist überraschende Gebäude.

Descriptions always consist of a single sentence.
Thereafter follows another, and so on.
Sentences are structured by the data-bank – foundations, ground floor, upper stories, roof level.
These divisions are valid for interior and exterior.

A further distinction exists between "public" and "private" buildings.
This structure always suffices for the production of fully operational houses. Chaos never results, since the generator compiles sentences into complete descriptions according to fixed rules, for example:
one sentence determining private or public status, one sentence for the foundation, one sentence for the ground floor, one sentence for the upper stories, one sentence for the attic story.

The interior is then further developed.

The selection of sentences within this scheme is random. This guarantees novel and often astonishing houses.

Beispielhafte Bau – „Sätze" | **Examples of (building) sentences**

Bauen ist immer ein Risiko.

Ein Traumhaus kann aus vielen Häusern bestehen.

Die Oberfläche des Hauses ist glatt wie ein Kinderpopo.

Das Haus ist durch wassergefüllte Anker mit dem
Boden verbunden.

Die Decken lagern auf dicken elastischen, bonbonfarbenen
Luftkissen.

Wir blicken auf kunterbunte Fußböden aus geschredderten
Architekturzeitschriften.

Durch eine Vielzahl kleiner ovaler Öffnungen zeichnet sich die
Wanderung der Sonne und der Nachbarn ab.

Von oben gesehen, ergibt die Form des Hauses den
Anfangsbuchstaben seines Bewohners.

Die Farbe der Wände ändert sich mit der Luftfeuchtigkeit.

Eine Eiche wächst durchs Haus und spendet Schatten
auf dem Dach.

Straßenlaternen sorgen für das nächtliche Ambiente.

Building is always a risk.

A dreamhouse may consist of many houses.

The surface of the house is as smooth as a baby's bottom.

The house is connected to the earth via a water-filled anchor.

The floors rest on thick, elastic, bonbon-colored air cushions.

The floors rest on thick, elastic, candy-colored air cushions.

**Through numerous small oval apertures the journeys of the
sun and of the neighbors are displayed .**

**Seen from above, the form of the house repeats the
first letter of the owner's name.**

The colors of the walls change according to air-moisture.

**An oak tree grows through the house, casting shadows
on the roof.**

Street lanterns provide a night-time ambiance.

1000 HÄUSER, VERSION 2.0, 1999

Idee | **Idea**

Version 2.0 ist ein sich selbsterneuerndes Internetprojekt,
basierend auf dem Konzept (Bauanleitung) von Version 1.0

Zum Basissatzstamm kann weltweit, via Internet, der Satz-
speicher bis zur Unendlichkeit mit persönlichen Haussätzen
erweitert werden, nach Zugehörigkeit geordnet (innen, außen,
privat, öffentlich etc.). So ist die Maschine in der Lage, aus
einem noch größeren und stetig wachsenden Vorrat zu schöpfen.

Es vermischen sich zahllose Wunschvorstellungen über Wohnen,
Raum und Architektur aus der ganzen Welt. Es entstehen
globale Häuser, multikulturelle Wunschräume, Europahäuser,
Welthäuser. Die Maschine ist als eigene Spezies Teil der
Neuschöpfung. Durch die nicht mehr kontrollierbaren Mengen
und Arten an Häusern entstehen mit der Zeit neue Ansprüche
an Architektur, die ihrerseits neue Sätze nach sich ziehen und
damit wiederum den Pool verändern. Ganze Städte entstehen,
wachsen, verändern sich, sterben und erwachen wieder.

Endlich bauen alle an einem Haus, alle an einer Stadt.
Alle 10 Sekunden ein neues Haus. Alle 10 Sekunden eine andere
Stadt ... unsere Stadt: Weltstadt ...

**Version 2.0 is a self-renewing Internet-project, based on the
concept (building instructions) from Version 1.0**

**The sentence memory bank can expand the basic supply of
sentences to infinity with personal house-sentences, ordered
according to category (interior, exterior, private, public,
etc.). The machine is thus able to create from a larger and
ever-increasing stock of statements.**

**Countless desires from the entire world regarding living,
space, and architecture are combined. The result is global
houses, multicultural dream-spaces, European houses, world
houses. The machine, as a unique species, is a part of this
new creation. Through this now uncontrollable quantity of
house-types, new architectural demands emerge, producing
yet more new sentences, and thus altering the pool. Entire
cities come into existence, expand, are transformed, die, and
are reborn.**

**Finally, everyone builds a single house in a single city. Every
10 seconds a new house. Every 10 seconds another city ...
our city: World city...**

B & K+

Lichtstr. 26-28 | 50825 Köln | Tel.: 0221-54694-0 | Fax: 0221-54694-49 | e-mail: bk.plus@snafu.de

Arno Hans Brandlhuber

1964
geboren in Wasserlos

1984 – 1992
Studium Architektur/Städtebau und
Diplom an der TH Darmstadt

1988
Gaststudium Hochschule für Gestaltung,
Darmstadt

1989 – 1990
Erasmusstipendium
Università degli Studi di Firenze

seit 1993
selbständig tätig

1994 – 1996
Projektpartnerschaft Neanderthal Museum
mit Zamp Kelp und Julius Krauss

seit 1995
Büro Brandlhuber, Köln

seit 1996
Büro Brandlhuber & Kniess, Köln

seit 1996
Lehrauftrag Bergische Universität
und Gesamthochschule Wuppertal

seit 1998
Büro b&k+, Brandlhuber & Kniess + Partner, Köln

1999
Semaine Internationale,
École d'architecture de Nancy

Bernd Georg Kniess

1961
geboren in Darmstadt

1982 – 1986
Ausbildung zum Gärtner

1986 – 1995
Studium Architektur/Städtebau
und Diplom an der TH Darmstadt

1991 – 1992
Gaststudium an der HdK Berlin

seit 1995
selbständig tätig

seit 1996
Büro Brandlhuber & Kniess, Köln

seit 1997
wissenschaftliche Assistenz an der RWTH Aachen

seit 1998
Büro b&k+, Brandlhuber & Kniess + Partner, Köln

AUSGEWÄHLTE BAUTEN UND PROJEKTE
SELECTED WORKS

Wettbewerbe | **Competitions**

1994 – 1996
Neanderthal Museum, Mettmann
(Arno Brandlhuber in Projektpartnerschaft
mit Zamp Kelp und Julius Krauss)

1997
Wallraff-Richartz Museum, Köln

Pfarrkirche Vingst, Köln

Sürtherfeld, Rodenkirchen, Köln

Messe Düsseldorf

1997/98
Flingern, Düsseldorf

1998
Neues Wohnen in der Stadt Bochum

Stadtbibliothek Ulm

Landesgartenschau, Kehl

1999
HWWP + Indigene Völker für die EXPO 2000,
Hannover

Science Center, Köln (laufendes Verfahren)

Hochhauskomplex MAX, Frankfurt am Main

Hochbauten und Stadtplanung
Buildings and urban design

1994 – 1996
Neanderthal Museum, Mettmann
(Arno Brandlhuber in Projektpartnerschaft
mit Zamp Kelp und Julius Krauss)

1996 – 1997
Wohn- und Geschäftshaus Eigelstein, Köln

1997 – 1999
New-Loft Gebäude Kölner Brett, Köln

seit 1997
Wohn-Ateliergebäude Geisselstraße, Köln

Wohnhaus Alexanderplatz, Finsterwalde

1997
Wohnhaus Baumstücke, Karlstein (Projekt)

seit 1998
Wohnhaus Fabianek – Vaalser Quartier, Aachen

1998
klimazone_n, Heizkraftwerk für die EXPO 2000,
Hannover (Projekt)

Telematische Landschaft, Bosch-Pavillon für die
EXPO 2000, Hannover (Projekt)

seit 1999
Wohn- und Bürohaus Am Stavenhof, Köln

Mobiler Japanischer Kiosk, Köln – Paris –
Stockholm – Rom

B-Plan Block 5 – Ehrenfeld, Köln

Eiffler Landschaftsmuseum Genovevaberg, Mayen

AUSWAHLBIBLIOGRAPHIE
SELECTED BIBLIOGRAPHY

Zeitschriften | **Magazines**

138 ARCH+, Oktober 1997, Mehr ist anders,
"Rampenspirale; 142 ARCH+, Juli 1998,
Architektur natürlich, "In vitro landscape"

148 ARCH+, Oktober 1999, Von der Box zum Blob
und wieder zurück, "Telematische Landschaft"
Architektur, April 1998, Stahl + Glas, ">_ 2,56 m"

Bauwelt 47/1996, Schaustellen, "Das Neanderthal
Museum in Mettmann"; 5/1998, Sonderbare
Aufgaben, "Zwischengehängt"

Detail, März 1998, Bauen mit Glas,
"Wohn- und Geschäftshaus in Köln"

Energie & Management 15/1998,
"Contracting des Monats"

Harvest, November 1998, "Liquid Sky Cologne
presents klimazone_n, Musik-CD"

Kunstforum, Bd. 146, Juli 1999,
"Das Gartenarchiv"

Werk, Bauen + Wohnen, Mai 1998, Objekte, "In der
Enge der Bauzeile"

Bücher | **Books**

Neanderthal Museum, Publikation zur Ausstellung
in der Aedes Galerie, Berlin, 1998

Speculation, Publikation zur Ausstellung in der
Galerie Specta, Kopenhagen, 1998

in vitro landscape b&k+, Publikation zur Ausstellung
in der Weißenhofgalerie, Stuttgart, edition
weißenhof, inkl. CD, 1999

AUSSTELLUNGEN | **EXHIBITIONS**

Aedes Galerie, Berlin 1998, "Neanderthal Museum"

Galerie Specta, Kopenhagen 1998, "Speculation"

Weißenhofgalerie, Stuttgart 1999,
"in vitro landscape b&k+"

Museum Ludwig, Josef-Haubrich Kunsthalle, Köln
1999, "At the End of the Century – 100 Jahre
gebaute Visionen"

AUSZEICHNUNGEN | **AWARDS**

Förderpreis des Landes Nordrhein-Westfalen für
junge Künstlerinnen und Künstler 1998, Bereich
Architektur

MITARBEITER UND PARTNER
COLLABORATORS AND PARTNERS

Sven Bäucker, Astrid Becker, Anne-Julchen
Bernhardt, Arno Brandlhuber, Markus Emde,
Jost Ewert, Susanne Friedburg, Anne Führer,
Ruth Gierhake, Silke Göken, Sebastian Hauser,
Ann Kessler, Bernd Kniess, Gregor Kreusch,
Jörg Lammers, Bernd Lampe, Veit Landwehr,
Jörg Leeser, Lutz Löllmann, Ann Lüdecke,
Björn Martenson, Kira Maibaum, Ute Meier,
Ralph Röwekamp, Christian Roth, Boris Sieverts,
Suitbert Schmidt, Christiane Schmidt,
Bernhard Schumann, Robert Thomé, Ulli Wallner,
Peter Weiss

FRANK F. DREWES

Bahnhofstr. 10a | 33442 Herzebrock | Tel.: 05245-3208, Fax: 05245-18710

1963
geboren in Herzebrock/Westfalen

1991
Diplom RWTH Aachen

1994
Master Degree, UC Berkeley/Kalifornien

1996 – 1998
Assistent bei Prof. Barbara Jakubeit und Prof.
Dietmar Eberle, TU Darmstadt

seit 1991
freischaffender Architekt

seit 1992
Korrespondenz für verschiedene
Fachzeitschriften (dbz, AIT, Licht & Architektur,
Bauwelt, db, Baunetz)

seit 1999
drewes+strengegarchitekten

seit Sommersemester 2000
Prof. i.V. an der FH Darmstadt

AUSGEWÄHLTE BAUTEN UND PROJEKTE
SELECTED WORKS

1989
Wohnhaus M. Drewes, Herzebrock

1990
Apartment Heinermann, Herzebrock

1991
Heinermann/Leder, Oelde

1992
Einkaufszentrum, Berlin-Marzahn

1993
Verwaltungsgebäude Loddenkemper, Oelde

Zahnarztpraxis Dr. Kamphusmann, Herzebrock

1994
Apartment Drewes, Herzebrock

Wohnhaus Dr. Ruppert, Bocholt (Projekt)

Heinermann/Foto, Herzebrock

1995
Heinermann/Leder, Herzebrock

Bertelsmann Kantine, Versmold

Sauna- und Ruheraum Dr. Malalla, Herzebrock

1996
Wohnhaus und Büro Lübbering, Herzebrock

"Microsoft" Kantine (Projekt)

1997
Haus am Kirchplatz, Herzebrock

Ron Pernell Hairstudio, San Francisco

Sally&Sam clothing company, Wiedenbrück

Villa Tesmer, Berlin-Grunewald (Projekt)

Doppelhaus Rumphorst/Helwes, Gütersloh

Kreuzberg Penthouse, Berlin (Projekt)

Büro Stefan Leewe, Clarholz

seit 1998
Um- und Neubau des Betriebes der Familie
Lübbering, Herzebrock

Opus City, Herzebrock (Projekt)

Wohnhaus Wonnemann, Wiedenbrück (Projekt)

Wohnhaus Vielstädte, Bad Essen (Projekt)

Villa Heinermann, Schloß Möhler (Projekt)

Umbau Hotel Reckord, Herzebrock (Projekt)

Architekturbüro Drewes, Herzebrock (Projekt)

Sally&Sam clothing company, Verl (Projekt)

AUSWAHLBIBLIOGRAPHIE
SELECTED BIBLIOGRAPHY

Licht&Architektur, März 1992
(dbz Sonderausgabe),
"Mit Licht vom Leder gezogen"

dbz, April 1992,
"Dachgeschoßausbau in Herzebrock"

Interior Design, Mai 1993,
"Two by Frank Drewes"

a&u, August 1995

dbz, November 1995,
"Verwaltungsgebäude in Oelde"

AIT November 1995, "Abgeschirmt"

Verlag H.M. Nelte, "Junge Beiträge zur
Architektur – NRW", Wiesbaden 1996

Bad + Design (dbz-Beilage), November 1996,
"Baden Ruhen Saunen"

db, Mai 1997, "Maßarbeit"

dbz, Juni 1997, "Wohnung mit Aussicht"

Architektur Aktuell, Juli/August 1997,
"Perlen hinter unscheinbarer Schale"

Die Glocke, 9.8.1997, "Modern gegen historisch"

Bauwelt, 37/1997,
"Reduzieren auf das Maximale"

Die Glocke, 31.1.1998,
"Auszeichnung für bauliche Lösung"

Interior Design, Mai 1998, "World of Interiors"

dbz, Juni 1998, "Zentrale Aufhängung"

Bauwelt, 34/1998, "Einfach raffiniert"

dbz, Oktober 1998, "Tabula rasa"

Disegno Interiore, März 1999, "Casa-oficina
Lübbering"

Atrium, Mai/Juni 1999,
"Kleiner Aufwand für große Wirkung"

AUSSTELLUNGEN | **EXHIBITIONS**

1991
BouwMECC – Baumesse, Maastricht
(Diplomarbeit)

1992
"A Twine Line" – Environmental Sculpture, UC
Berkeley, USA (Studienarbeit)

MITARBEITER SEIT 1990
COLLABORATORS SINCE 1990

Marina Arabatzi, Stefan Bolzenius, Wolfgang
Dievernich, Ludger Drewes, Markus Duldner,
Anja Fartmann-Quitt, Verena Fluhrer,
Thomas Haase, Nina Knoche, Bernd Krefeld,
Thomas Kroker, Christian Linzel,
Kirsten Neugebauer, Jörg Pohlmann,
Björn Preißler
Sekretariat: Walburga Dreisvogt

GRÜNTUCH/ERNST

Hackescher Markt 2-3 | 10178 Berlin | Tel.: 030-88 68 29 49 | Fax: 030-885 47 21 | e-mail: Gruentuch_Ernst@BauNetz.de

Armand Grüntuch

1963
geboren in Riga, Lettland

1989
Architekturdiplom mit Auszeichnung RWTH Aachen,
während des Studiums DAAD-Jahresstipendium
in Venedig, Istituto Universitario di Architettura

1987 – 1989
Büro Norman Foster, London

1990
Büro Joachim Schürmann

seit 1991
eigenes Architekturbüro mit Almut Ernst

1991 – 1995
Wissenschaftlicher Mitarbeiter an der
Hochschule der Künste, Berlin, Fachbereich 2,
Architektur, Institut Entwerfen und
Baukonstruktion

Almut Grüntuch-Ernst

1966
geboren in Stuttgart

bis 1991
Architekturdiplom an der Universität Stuttgart

1987 – 1988
DAAD-Jahresstipendium in London,
Architectural Association

1988 – 1989
Büro Alsop & Lyall, London

seit 1991
eigenes Büro mit Armand Grüntuch

1993 – 1994
Lehrauftrag an der Hochschule der Künste,
Berlin, Fachbereich 2, Architektur

1994 – 1997
Wissenschaftliche Mitarbeiterin an der
Hochschule der Künste, Berlin, Fachbereich 4,
Visuelle Kommunikation

AUSGEWÄHLTE BAUTEN UND PROJEKTE
SELECTED WORKS

1990
Stadtbad Steglitz, Berlin, offener Wettbewerb,
5. Preis

1991
Umweltbehörde Hamburg, geladener Wettbewerb,
mit "future systems"

1992 – 1999
Am Hackeschen Markt 2-3, Berlin, Investoren-
Gutachten, Fertigstellung 2000

1992 – 1994
Vordach und Foyer Hotel Consul, Berlin

Umbau Reichstag, Berlin, offener Wettbewerb,
2. Rundgang

1993
Stadtentwicklungsforum Hamburg-Hammerbrock,
Einladung Workshop

Brücke Oberhavel, Berlin, offener Wettbewerb

1993 – 1999
Förderschule Hellersdorf, geladener Wettbewerb,
1. Preis, Fertigstellung 2000

1994 – 1997
Haus Gross, Kleinmachnow, 4-Familienhaus,
Fertigstellung 1997

1995
Umwelt-Technologie-Zentrum, Berlin, beschränkter Wettbewerb

Isetor, Hamburg, beschr. Wettbewerb, 3. Preis

1996
Landesklinik Brandenburg, Neubau des
Empfangsgebäudes, Fertigstellung 1998

Fernsehturm Berlin, Parasitäre
Nutzungsüberlagerung, Projektstudie

Bürohaus Eternit, Berlin, beschränkter
Wettbewerb, 1. Preis und Planungsauftrag

Bürohaus Neumühlen, Hamburg, Bürohaus an
der Elbe, 1. Preis, Fertigstellung 2001

1996 – 1997
Zeitreise, Berlin, Studie und Vorentwurf zur
Ausstellungskonzeption

Südeingang Adlershof, Berlin, Werkstattver-
fahren, 1. Preis und Planungsauftrag

1997
Pavillon EXPO 2000, Hannover

Modezentrum Berlin, Umbau und Erweiterung
einer alten Fabrik, Fertigstellung 1999-2001

Kunstmuseum Leipzig, offener Wettbewerb,
5. Preis

Landesvertretung Rheinland-Pfalz, Berlin,
offener Wettbewerb, 2. Preis

Mercedes Benz, Ausstellungspavillon,
beschränkter Wettbewerb

Bayerische Rück, München, Neubau der Haupt-
verwaltung, beschränkter Wettbewerb, 5. Preis

Jugendmusikschule Hamburg, beschr. Wettbewerb

1997 – 1999
Alsterfleet, Hamburg, Wohn- und
Geschäftsgebäude, geladener Wettbewerb

VW-Markenpavillon, Autostadt Wolfsburg,
Fertigstellung 2000

Indische Botschaft, Berlin,
beschränkter Wettbewerb, 1. Preis

1997 – 1998
EXPO 2000, Hannover, Beitrag der SADC-
Staaten, Ausstellungskonzept

Medienmuseum, New Delhi, Fertigstellung 2000

Monbijouplatz 5, Berlin, Wohn- und
Geschäftshaus, Fertigstellung 2001

1999
Falkenried, Hamburg, geladener Wettbewerb

2000
Masterplan "district 75-Moscow" International
Design Group, Einladung Workshop Moskau

Wohnungsneubau am Monbijoupark,
Ausführungsplanung 2000

AUSWAHLBIBLIOGRAPHIE
SELECTED BIBLIOGRAPHY

Zeitschriften | **Magazines**

118 ARCH+, November 1993

architektur & wirtschaft, November 1996

Architectural Design, Volume 66, Juli 1996

art forum, September 1999

ArtNet Magazine, 1.10.1999

Building Design, Mai 1992; April 1995

db, März 1995

Detail Nr. 2, 1994

prospect 55, 1995

Der SPIEGEL, 41/1998

The Architect's Journal, März 1995

World Architecture, issue 78, August 1999

Bücher | **Books**

"Gebaut – built. Junge Architekten", Katalog zur
Ausstellung der Architektenkammer Berlin, 1995

"Schulen für Berlin II", Berichtsheftreihe
Städtebau und Architektur, Senatsbauverwaltung
Berlin, 1995

"Architekten Grüntuch und Ernst", Buchreihe
Junge Architekten, Verlag H.M. Nelte, Wiesbaden
1996

"AWA 1997: Award Winning Architecture –
International Yearbook", Prestel Verlag, 1997

"berlin biennale 9/98 – 1/99", Publikation der
ersten berlin biennale, Cantz Verlag, 1998

AUSSTELLUNGEN | EXHIBITIONS

"Architecture on the Horizon", Ausstellung im
Royal Institute of British Architects,
London 1996 (und Katalog)

"Twenty Young Architects", Ausstellung im
Rahmen der INTERARCH, Sofia, Juni 1997

"Rotterdam / Hamburg: Veränderungen am
Strom", Ausstellung im Museum der Arbeit,
Hamburg, September 1997

"Architekten Grüntuch/Ernst", Ausstellung
Aedes-Galerie Berlin, November/Dezember 1997
(und Katalog)

berlin biennale, September 1998 – Januar 1999

AUSZEICHNUNGEN | AWARDS

Architekturpreis des BDA Berlin,
Hans-Schaefer-Preis 1996

KALHÖFER KORSCHILDGEN

Stephanstr. 22 | 52064 Aachen | Tel. + Fax: 0241-24545

Gerhard Kalhöfer

1962
geboren

1984
Studium der Kunstgeschichte an der
Universität Marburg, u.a. bei Heinrich Klotz

1984 – 1992
Architekturstudium an der RWTH Aachen

1990 – 1992
Gaststudium an der Kunstakademie Düsseldorf
bei Elia Zenghelis
Praxis bei Eisele + Fritz, Darmstadt, bei Jean
Nouvel, Paris und bei Architecture Studio, Paris

seit 1995
Kalhöfer Korschildgen Architekten mit
Stefan Korschildgen, Aachen/Köln

seit 1997
Dozent an der Academie van Bouwkunst,
Maastricht, Niederlande und Lehrbeauftragter
an der FH Köln

seit 1998
Professor für Gebäudelehre, Architekturtheorie
und Entwerfen, Fachbereich Gestaltung,
an der FH Mainz

Stefan Korschildgen

1962
geboren

1982 – 1984
Ausbildung als Zimmermann

1984 – 1992
Architekturstudium an der RWTH Aachen

1989 – 1990
Studium an der University of Washington, Seattle

1990 – 1992
Gaststudium an der Kunstakademie Düsseldorf
bei Elia Zenghelis

Praxis bei Szyszkowitz + Kowalski, Graz, bei
Overdiek + Petzinka, Düsseldorf und bei Olson +
Sundberg, Seattle

seit 1995
Kalhöfer Korschildgen Architekten mit Gerhard
Kalhöfer, Aachen/Köln

seit 1997
Assistent am Lehrstuhl Technischer Ausbau und
Entwerfen, RWTH Aachen

AUSGEWÄHLTE BAUTEN UND PROJEKTE
SELECTED WORKS

1995

"A nous de choisir" – Haus Schröder,
Restaurierung und Erweiterung eines
historischen Bauernhofs in der Normandie

"Klang – Kompressor" – Autostudio Zwei Zoll
Musik, Umnutzung eines historischen Schulge-
bäudes zu einem Tonstudio, Wermelskirchen

"Grüner Teppich", Wettbewerb Schulzentrum
Barnetstraße, Berlin (Ankauf)

1996

"Verdichtung Schichtung Topographie",
Städtebaulicher Realisierungswettbewerb
Schlachthof Münster (4. Preis)

"Fahrt ins Grüne" – Haus Groth, Erweiterung
eines traditionellen bergischen Schieferhauses,
Remscheid-Lüttringhausen (bis 1997)

1997

"Do it yourself" – Haus Hensgens, Umbau eines
Wohnhauses in einer 20er Jahre-Genossen-
schaftssiedlung, Aachen

"Face à Face", Erweiterung eines alten
Reiterhofs, Düsseldorf (mit Hecker-Architekten)

1998

"Le grand bleu" – Haus Kalhöfer-Probst,
Umbau einer alten bergischen Stadtvilla,
Remscheid-Lüttringhausen

"Stigma und Chance" – Parteizentrale der PDS
zum Bundestagswahlkampf '98, Visionäre Studie
für das "Zeitmagazin" der ZEIT

"Dream Houses", Europan Wettbewerb Guben-
Gubin (mit Relja Arnautovic, Bernd Lampe,
Jörg Rekittke)

1999

"Option Projects" – Grundrisse zum optionalen
Wohnen, Studie

RGA Redaktion, Umnutzung einer Gründerzeit-
etage, Remscheid (Projektstudie)

"Orte auf Dauer – Orte im Wandel",
Ausstellungsprojekt zur "Plan 99" in Köln

AUSWAHLBIBLIOGRAPHIE
SELECTED BIBLIOGRAPHY

Zeitschriften | **Magazines**

Abitare: 381, 1999

AIT: Januar/Februar 1998, Juni 1998,
März 1999

Architektur Aktuell: 215, 1998

Architectural Record: April 1999

Architektur und Wohnen: März 1998

Bauwelt: 48-1989, 1/2-1998

d'A: 73, 1997

db: Januar 1996, Juni 1998 (Sonderheft),
Juli 1998, Januar 1999

dbz: Juni 1999

Design Report: Juni 1999

Detail: März 1996 "Sanierung", Januar 1998
"Einfaches Bauen", Dezember 1998
"Mobile Architektur"

Frame: März 1999

md: Juni 1999

Moniteur: Juni/Juli 1996, Februar 1998,
Juni/Juli 1998

Touchstone: Mai 1997

Zeitmagazin: 37, September 1998

Bücher | **Books**

Architektur Ruhrgebiet, Häusser Verlag 1991

Apocalypse Now – Fragen zum Berufsbild der
Architekten, dva 1997

New Houses in Old Buildings, Links International,
Barcelona, Februar 1999

Single Family Housing, Quaderns Actar,
Barcelona, Mai 1999

Rehabilitation, Moniteur, Paris 1999

FERNSEHEN | **TELEVISION**

ARD, WDR, NDR, HR, Bauen + Wohnen,
September 1998, Januar 1999

AUSSTELLUNGEN | **EXHIBITIONS**

IBA Emscherpark, Sommerakademie,
August 1989

"raum & transformation", Graz, Juni 1997,
Wismar 1997, Plön 1998

"Het Detail", Academie van Bouwkunst,
Maastricht

VORTRÄGE, WORKSHOPS
LECTURES, WORKSHOPS

Universität Kaiserslautern, RWTH Aachen, FH
Köln, FH Koblenz, FH Kaiserslautern, FH Mainz,
Kunstakademie Stuttgart, FH Holzminden, GH
Kassel, Universität Hannover, GH Wuppertal

MITARBEITER SEIT 1995
COLLABORATORS SINCE 1995

Christèle Jany, Andreas Hack, Frank Rau, Bert
Bücking, bilder.bau, Sigrid Weiss, Sven Greiser

KÖNIGS ARCHITEKTEN

Maybachstraße 155 | 50670 Köln | Tel.: 0221-762626 | Fax: 0221-9764453

Ilse Maria Königs

1962
geboren in Innsbruck,
Geburtsname Ilse Maria Kurz

1983 – 1990
Studium der Architektur an der Universität
Innsbruck, Diplom 1990

1990 – 1993
Architektin bei Peter Schürmann in Köln

1993 – 1994
Gaststudium an der Kunsthochschule
für Medien in Köln

1994 – 1996
Architektin bei Peter Kulka in Köln

1996
Heirat mit Ulrich Königs

seit 1996
Königs Architekten in Köln,
gemeinsam mit Ulrich Königs

1996
Geburt der Tochter Viola

1998
Geburt des Sohnes Vincent

2000
Stipendium des Ministeriums für Kultur- und
Stadtentwicklung NRW

Ulrich Königs

1964
geboren in Köln

1984 – 1991
Studium der Architektur an der RWTH Aachen,
Diplom 1991

1989
Erasmus-Stipendium an der Bartlett School,
School of Architecture and Planning, London

1991 – 1993
Architekt bei Peter Kulka

1994 – 1995
Studium der Architektur an der Architectural
Association in London, Grad. Diplom 1995

1996
Heirat mit Ilse Maria Kurz

seit 1996
Königs Architekten in Köln,
gemeinsam mit Ilse Maria Königs

1996
Geburt der Tochter Viola

1998
Geburt des Sohnes Vincent

1999
Stipendium des Internationalen Forums für
Gestaltung, Ulm

AUSGEWÄHLTE BAUTEN UND PROJEKTE
SELECTED WORKS

1994
Hauptbahnhof Breslauer Platz, Köln, Wettbewerb,
ein 2. Preis (Ulrich Königs)

1994
Masterplan für Haikou, Hainan, China (AA GDG)

1995
International Port Terminal Yokohama,
Wettbewerb (Ulrich Königs), Honourable Mention

1995
Sportstadion Chemnitz – 2002, Wettbewerb
(Peter Kulka mit Ulrich Königs), 1. Preis

1995
ICE-Bahnhof Erfurt, Wettbewerb
(Ulrich Königs und Ilse Kurz)

1996
Hochschule für Architektur Weimar, Wettbewerb
(Ulrich Königs), 2. Preis

1996
Landtag für Thüringen, Erfurt, Wettbewerb
(Ulrich Königs)

1996
Wallraf-Richartz-Museum Köln, Wettbewerb
(Ulrich Königs und Ilse Kurz)

1996
Rautenstrauch-Joest-Museum Köln, Wettbewerb

1997
Museum der Bildenden Künste Leipzig,
Wettbewerb

1997
Industriemuseum Chemnitz, Wettbewerb

1997
Pfarrkirche St. Theodor, Köln, Wettbewerb

1998
Pfarrzentrum St. Franziskus, Regensburg,
Wettbewerb, 1. Preis

1999
Bibliothek 21, Stuttgart, Wettbewerb

1999
Kongreßzentrum Dresden, Wettbewerb,
3. Preis

1999
Erweiterung der Firmengebäude für ST.EMILE,
Kleinwallstadt

AUSWAHLBIBLIOGRAPHIE
SELECTED BIBLIOGRAPHY

Baumeister 1/2000, "Das falsche
Selbstverständnis, Architektur mit Gestaltung zu
verwechseln"

Daidalos 72/1999,
"Scapes als Zukunftsmodell der Stadt"

ArchiLab, Orleans '99, Katalog zur Ausstellung

Chroniques D'Art Sacre 56/1998

138 ARCH+, 10/1997,
"Die Strategie der Interferenz"

Assemblage 33, 8/1997, "Toward Moreness"

Der Architekt 1/1996, "Update zur Gegenwart"

Film "Stadthaut", 16mm, Farbe, 12 min,
Internationales Festival für Film und Architektur,
Graz, 1993

AUSSTELLUNGEN | **EXHIBITIONS**

La Biennale di Venezia, Internationaler Pavillon,
Venedig 2000

heilige drei koenige.de, Museum für Angewandte
Kunst, Köln 2000

"At the End of the Century: Hundert Jahre
gebaute Vision", Josef-Haubrich-Kunsthalle,
Köln, 1999

ArchiLab, Orléans, 1999

"Raum und Transzendenz", XXIII.
Kirchenbautagung, Bensberg, 1999

Lückenvisionen, Köln, 1998

AUSZEICHNUNGEN | **AWARDS**

1999
Förderpreis des Landes Nordrhein-Westfalen für
junge Künstlerinnen und Künstler

1996
Architekturpreis des Neuen Sächsischen
Kunstvereins für das Sportstadion Chemnitz
(Verfasser: Peter Kulka mit Ulrich Königs)

MITARBEITER 1999 | **COLLABORATORS 1999**

Bärbel Ackermann, Ilka Aßmann, Sabine
Bruckmann, Mathis Burandt, Margarita Mene
Castiñeiras, Marcus Hauer, Christoph
Heinemann, Aysin Ipekçi, Christoph Michels,
Claudia Pannhausen, Anne Pasual, Thomas
Roskothen, Christoph Schmidt

[KUNST UND TECHNIK]^{EV}

Leipzigerstraße 50 (Ebbinghaus) | 10117 Berlin | Tel.: 030-28391138 | Fax: 030-28391139 | e-mail: kunst+technik@berlin.heimat.de | www.kut-berlin.de

Jan Edler

1970
geboren in Köln

1990 – 1997
RWTH Aachen, Bartlett School of Architecture

1997
Architekturdiplom an der RWTH Aachen

Tim Edler

1965
geboren in Köln

1994
Architekturdiplom an der TU Berlin
Freie Mitarbeit in Berliner Büros

Jonathan Garnham

1965
geboren in Kapstadt

1989 – 1996
University of Cape Town, FH Hannover,
Royal College of Art, HdK Berlin
Freier Künstler in Berlin und Kapstadt

Rainer Hartl

1966
geboren in Bayreuth

1994
Architekturdiplom an der TU Berlin
Freie Mitarbeit in Berliner Büros
Lehrauftrag FH Münster

Frank Hühnerkopf

1966
geboren in Schramberg

1991 – 1996
Studium der Visuellen Kommunikation
an der HfBK Hamburg
Freier Künstler in Berlin

Martin Janekovic

1966
geboren in München

1995
Architekturdiplom an der TU Berlin
Freie Mitarbeit in Berliner Büros
Lehrauftrag FH Münster

Andreas Klockmann

1966
geboren in Bremen

1995
Architekturdiplom an der FH Bremen
Freie Mitarbeit in Berliner Büros

Juliane Kühn

1967
geboren in Marburg

1991 – 1997
Studium der Freien Kunst an der HdK Berlin

Meisterschülerin von Prof. Pettrick
Freie Künstlerin in Berlin

Uwe Rieger

1963
geboren in Hannover

1994
Architekturdiplom an der TU Berlin
Freie Mitarbeit in Berliner Büros
Lehraufträge FH Münster, BTU Cottbus
Wissenschaftlicher Mitarbeiter an der TU Berlin,
FB Architektur

Helle Schröder

1967
geboren in Hanerau-Hademarschen

1995
Architekturdiplom an der TU Berlin
Mitarbeit Nicholas Grimshaw and Partners
Lehraufträge FH Münster, BTU Cottbus

Onno Warns

1965
geboren in Bremen

1995
Architekturdiplom an der TU Berlin
Freie Mitarbeit in Berliner Büros

AUSGEWÄHLTE BAUTEN UND PROJEKTE
SELECTED WORKS

1997
[limmo] Parkbeleuchtung Monbijoupark, Berlin
[kt] T. Edler

1997 – 1998
[lichtwaage] Rauminstallation im [kt]-lab,
Künstlerhaus Dortmund, FH Münster
[kt] R. Hartl, M. Janekovic, U. Rieger,
H. Schröder

1998
[augment] 'Datenobjekte' im dreidimensionalen
Raum, Sammlung Schürmann, Suermondt Ludwig
Museum, Aachen
[kt] J. & T. Edler

1998
[toys are tools] Computerspiel für die Ausstellung
"TTT – TokyoTechnoTourism"
[kt] T. Edler

1998
[flussbad]
[kt] T. Edler

1999
[playlite] ist ein architektonisches Konstruktions-
modul, das gleichwertig Software und Hardware
zu einem System (Innenwand- oder Fassaden-
element) verbindet
[kt] R. Hartl, M. Janekovic, U. Rieger,
H. Schröder

1999
[culture base] Online-Stadtinformation, Berlin
[kt] O. Warns, J. Edler
Raststätte Aachen

1999
[mm] [multi mind]
[kt] J. & T. Edler

2000
[V:ZdTz] Verden: Zentrum der Tierzucht
[kt] U. Rieger
V. Seifried; Ravenstein Brainpool

2000
[mmm] 6 Penthäuser, München-Schwabing
[kt] M. Janekovic, H. Schröder

AUSSTELLUNGEN VON [KT] | EXHIBITIONS BY [KT]

10/1997 [kunstmarkt], Lichtwaage, [kt]-lab, Berlin

03/1998 [interlude], global projects from Berlin,
Künstlerhaus Dortmund

08/1999 [entropy], project-documentation:
[augment], Schürmann exhibition "Entropie zu
Hause", Suermondt-Ludwig Museum, Aachen

1998/99 [plattform], groups and collectives from
Berlin, plattform/Biennale Berlin @ Postfuhramt,
Berlin

10/1998 [arc/sec], light architectures,
Fachhochschule Münster

12/1998 [light infection], Internationales
Kommunikationsprojekt: Inter-trans Berlin,
Parabolica spaces, Berlin

12/1998 [tokyo techno tourism], Bitgeneration
98, Videospielkultur in Japan, [kt]-lab, Berlin

02/1999 [mind the gap], urban proposals from
London and Berlin, Haus der Kulturen der Welt,
Berlin

07/1999 [multi mind], public communication
laboratory, Deichtorhallen, Hamburg

07/1999 [work is personal], kulturelle bezugsfel-
der, Galerie Eigen+Art, Berlin

VERANSTALTUNGEN BEI [KT] | EVENTS AT [KT]

06/1997 [no content], 6 Künstler aus London
und Berlin

10/1997 [content], Ausstellung Berliner Künstler
und Architekten

08/1998 [ars pyro etica], pyrotechnische
Klanginstallationen, Möllgard, Handschuh,
Krücke, Schendel, Thet, xol dog

08/1998 [audiorom], interaktive audiovisuelle
Installationen aus London, audio rom, London

08/1998 [ot], mixed media, Gruppenausstellung

09/1998 [blind date], Ridge Street Gallery,
New York

09/1998 [t/a/l], Photographie, Installationen,
Skulpturen, Seifried, van Ravenstein, Ferrey

10/11/98 [blockbuster], Videoloops,
Gruppenausstellung
Edler & Edler, Damann, Schmidt, Berlin

27/04/99 [arc/sec], Workshopergebnisse der FH
Münster, Studenten der FH Münster

08/05/99 [was ist ein computer], Statements zu
CPUs, Hühnerkopf, Bürkle, Berlin

10/09/99 [electrica], Klangwebsite electrica

MATTHIAS LOEBERMANN

Äußere Bayreutherstr. 31 | 90409 Nürnberg | Tel.: 0911-5109031 | Fax: 0911-5109032

1964
geboren in Nürnberg

1983
Abitur in Fürth

1984 – 1990
Studium der Architektur an der Universität
Stuttgart, Diplom bei Peter C. von Seidlein

1990 – 1991
Büromitarbeit bei Dieter Herrmann, Stuttgart

1991 – 1993
Büromitarbeit bei Friedrich Wagner, Stuttgart

1993
Büromitarbeit bei Michael Hopkins, London

1993
Gründung des eigenen Büros in Nürnberg

seit 1995
Lehrbeauftragter an der GSO Fachhochschule
Nürnberg, FB Architektur, Lehrgebiet
Baukonstruktion

seit 1997
Lehrbeauftragter an der Akademie der
bildenden Künste in Nürnberg,
Textilklasse

1999
Berufung in den BDA

AUSGEWÄHLTE BAUTEN UND PROJEKTE
SELECTED WORKS

1991 – 1993
Verfügungsgebäude der Universität Hohenheim
als verantwortlicher Projektleiter

1994 – 1996
Diverse Planungen für Umnutzung von
Industriedenkmälern in Forchheim

1996
Anbau eines Schwimmbades an ein Wohnhaus
in Nürnberg

Wettbewerb Helios-Klinik Gotha (Ankauf)

1997
Neugestaltung des Eingangs eines
Wohn- und Geschäftshauses in Nürnberg

Experimentelle Infobox in Nürnberg
(Auszeichnung BDA-Preis Franken)

1997 – 1998
Produktionsstätte für Lichtleitfasertechnik
in Berching, Altmühltal

1998 – 1999
Einfamilienwohnhaus in Holzbauweise bei
Nürnberg

Therapiebad bei Neumarkt

1998
Internationales Innovationszentrum Schaustelle
Zukunft XXI., Nürnberg (eigenes Projekt)

1999
Messestand auf der GlasKon '99 in München

Entwicklung eines faltbaren Ausstellungssystems
für die GlasKon in München

Wettbewerb Museum Sonderlager, Gedenkstätte
KZ Sachsenhausen (2. Preis)

Mobiler Ausstellungspavillon für die deutsche
Raumfahrtindustrie

Entwicklung eines temporären Containersystems
für die Hypo-Vereinsbank

Diverse Umbauten von Filialen für die
Hypo-Vereinsbank im Raum Mittelfranken

AUSWAHLBIBLIOGRAPHIE
SELECTED BIBLIOGRAPHY

Zeitschriften | **Magazines**

Intelligente Architektur Nr. 13, Mai 1998
(Experimentelle Infobox)

Glas, Architektur und Technik, Juni 1998
(Experimentelle Infobox)

Baumeister, November 1998
(Experimentelle Infobox)

144/145 ARCH+, Dezember 1998
(Experimentelle Infobox; "Operative
Transparenz"; "Transparenz heute")

Glas, Architektur und Technik, Januar 1999
(Faltbares Ausstellungssystem)

Bücher | **Books**

Berlinmodell Industriekultur, Beitrag zusammen
mit P.C. von Seidlein, Birkhäuser Verlag, Basel
1989

Sequenzen. Transparenz in der Architektur,
Werkdokumentation: Experimentelle Infobox,
Verlag der Buchhandlung Walter König, Köln 1998

Messestand GlasKon '99 München, Verlag av
edition, Stuttgart 1999

NETZWERK-ARCHITEKTEN

Donnersbergring 18 | 64295 Darmstadt | Tel.: 06151-339487 | Fax: 06151-339488 | e-mail: netzwerk-architekten@t-online.de

Thilo Höhne

1965
geboren in Ziegenhain/Schwalm-Eder-Kreis

1986 – 1995
Architekturstudium TH Darmstadt

1988 – 1989
Selbstbauprojekt: Umbau einer Lagerhalle in
Darmstadt in Zusammenarbeit mit Bernd Kniess
und Kay Wilisch

1995
Diplom TH Darmstadt

1995
Mitarbeit im Büro Lengfeld und Wilisch

1995 – 1997
Freie Mitarbeit im Büro Frank Menzel bei
Menzel + Moosbrugger, Frankfurt am Main

1997 – 1998
Freie Mitarbeit im Büro J. Adrian / Lorsch

seit 1997
netzwerk-architekten, Part G, Darmstadt
außerdem AG mit b-5 Architekten, Berlin

seit 1999
Lehrauftrag am Entwurfslehrstuhl für Statik und
Tragwerkslehre (Prof. Weischede), TU Darmstadt

Karim Scharabi

1967
geboren in Berlin

1984 – 1986
Freie Kunstschule P. Schößler, Darmstadt

1988
Kunstschule F. Alcorta, Barcelona

1988 – 1994
Architekturstudium TH Darmstadt

1994 – 1995
Architekturstudium
École Spéciale d'Architecture, Paris

1997
Diplom TH Darmstadt

1997 – 1999
Gründung Architekturbüro Q.ARK, Darmstadt

seit 1998
netzwerk-architekten PartG, Darmstadt

seit 1998
zusätzlich freie Mitarbeit bei Atelier Markgraph,
Frankfurt am Main (Deutsches Museum München)

Philipp Schiffer

1966
geboren in Heilbronn a.N.

1986 – 1989
Architekturstudium TU Kaiserslautern

1990
Architekturstudium Florenz

1990 – 1996
Architekturstudium TH Darmstadt, Mitarbeit bei
Schneider + Schumacher, Frankfurt am Main

1996
Diplom TH Darmstadt

1996
Earlybirds arch., Frankfurt am Main

1996
Gründung Architekturbüro Q.ARK

1997
Umbau eines Bauernhauses in der Provence

1997 – 1998
Entwurf und Realisation des Weststadtcafés

1998
Gründung netzwerk-architekten, Darmstadt

seit 1998
Lehrauftrag bei Prof. G. Pfeifer, TU Darmstadt

1999
Bauweltpreis 1999 "1:1 – das erste Haus"
(Weststadtcafé), Preisträger der Kategorie 3

Jochen Schuh

1966
geboren in St. Wendel, Saarland

1987 – 1989
Architekturstudium TU Kaiserslautern

1989 – 1995
Architekturstudium TH Darmstadt

1995
Diplom TH Darmstadt

1995 – 1996
BSK + MM (Braun & Schlockermann und Köhler
u. Menzel + Moosbrugger)

1996 – 1997
Menzel + Moosbrugger, Darmstadt

1997 – 1999
BSK + MM

1999
Gründung von netzwerk-architekten

Markus Schwieger

1967
geboren in Kronberg im Taunus

1987
Architekturstudium TH Darmstadt

1991
Studentenwettbewerb Segelschule in
Heiligenhafen, 1. Preis

1996
Diplom mit Auszeichnung TH Darmstadt

1996
Mitarbeit team cm 254, Barcelona

Städtebaulicher Ideen- und Realisierungswettbewerb Westufer Hbf Darmstadt, Ankauf

1997
Günter Pfeifer, Lörrach/Darmstadt

Ideenwettbewerb Neugestaltung des
Marktplatzes in Halle, 3. Preis

1998 – 1999
Schneider + Schumacher, Frankfurt am Main

1997
Gründung netzwerk-architekten

Preis der Jakob Wilhelm Mengler Stiftung für den
Entwurf eines Business-Centers in Darmstadt

Hauptpreis des BDB für Diplomarbeit,
Entwurf eines Verkehrsmuseums in München

Oliver Witan

1966
geboren in Freiburg/Breisgau

1988 – 1995
Architekturstudium TH Darmstadt

1991 – 1992
Auslandsstipendium in Florenz,
faccoltà di architettura

1995
Diplom TH Darmstadt

1995 – 1997
Uwe Fischer und Partner, Frankfurt am Main

1996 – 1997
Witan-Ruß und Partner, Offenbach

1996
Gründung Architekturbüro Q.ARK, Darmstadt

1997
Gründung netzwerk-architekten Part G

seit 1998
Wissenschaftlicher Mitarbeiter,
FG Plastisches Gestalten, TU Darmstadt

seit 1999
Lehrauftrag Prof. Weischede, TU Darmstadt

AUSGEWÄHLTE BAUTEN UND PROJEKTE
SELECTED WORKS

1996 – 1999
Fuß- und Radwegebrücke, Landesgartenschau
Oberhausen, Realisierungswettbewerb (1. Preis)

1997 – 1999
Reihenhaus in Offenbach/M., 3. Preis

seit 1998
Baugestalterischer Entwurf Stadtumfahrung
Rheinfelden in Baden (Realisierung 1999-2001)

Unterführung, S-Bahnhaltestelle und Aufgangs-
gebäude HBF Rostock (Realisierung 2000-2002)

Baugestalterischer Entwurf Autobahntunnel
Neuhof/Fulda (Realisierung 2000-2002)

1999
Architektenwettbewerb "con-version", Um- und
Neubau eines Hochhauses in Darmstadt

1999
SWOP, Aufstockung eines Einfamilienhauses in
Eschborn bei Frankfurt

1999
Wettbewerb Landesamt für Umweltschutz,
Gewerbeaufsicht und Wasserwirtschaft
in Oppenheim, Ankauf

ANTON MARKUS PASING

Warendorferstraße 69 | 48145 Münster | Tel. + Fax: 0251-393195

1962
geboren in Greven a.d. Ems

1978 – 1981
Lehre als Bauzeichner

1982 – 1989
Studium der Architektur an der FHS-Münster

1987 – 1988
Gasthörer am Institut für Kunstgeschichte der
Westfälischen Wilhelms-Universität Münster

1989
Diplom Architektur (Prof. H. Bühler)

1989 – 1991
Studium an der Kunstakademie Düsseldorf

1991
Ernennung zum Meisterschüler an der
Kunstakademie Düsseldorf, Klasse: O.M. Ungers

1993 – 1997
Lehraufträge an der FH Münster für "Intuitives
Entwerfen am Macintosh" / CAD-Modelling,
Bildbearbeitung und "Experimentelle Gestaltung"

1994
Bürogründung in Münster

seit 1994
Künstlerischer Assistent an der RWTH Aachen,
Lehrstuhl für Entwerfen von Hochbauten und
Gebäudelehre (Klaus Kada)

1996
Stipendiat der Plus-Min Stichting, Rotterdam-
Renesse, Niederlande. Stiftung für Bildende
Kunst und Architektur

1996
International NAi Masterclass 1996, Rotterdam;
mit Wiel Arets und Thom Mayne (Morphosis)

1997
Erhalt des Villa Massimo Stipendiums in Rom
durch die Kulturstiftung der Länder, vorgeschla-
gen durch das Land Nordrhein-Westfalen

1999
Lehrauftrag an der Universität Innsbruck,
Lehrgebiet Raumgestaltung (G. Seifert,
Formalhaut)

AUSGEWÄHLTE BAUTEN UND PROJEKTE
SELECTED WORKS

1986-
89 Cities on the run 1-3

1989
B-City
Endless City
Haus N
Steppenwolf, Haus in der Steppe
Haus Schlag, Greven

1989/90
Haus des Konsums

1990
Living in a highrise
Hindenburgplatz Münster
Haus der Darstellung
Musical House Frankfurt
Yxylon 4, Düsseldorf
Rhythmstick, Hochhaus mit Wolke
Die "gedeckte Stadt"

1991
Ektochanger

1992
KITA Berlin (mit K.H. Winkens)
Parasit 1
Akademie der Bildenden Künste, München
Bürogebäude Kortmann
Androp (sequence/comic)

1993/94
Natwalk 1
Kokon, Graz
Nürnberger Versicherungen (mit E. Kasper)
Haus "C", Münster (Installation)
Rekreator
Parasit 2

1993 – 1997
TT 1-N (Wunschmaschine)

1994
Tempel des Lachens
Gedenkstätte Buchenwald (Kunst: A. Middendorf)

1994/95
V-otel

1995
Hypo-Bank Prag (mit M. Ostermann)
Das letzte Haus
Mothership (film-design)
7 Spaces

1995/96/97
Genesis 9
Europan 4 (mit T. Armborst & M. Mene
Caneineras)
Invisible Tower

1996
Erotisches Museum Berlin
Körperschule
Der Sammler
Kleines Haus
Korpuskel
UP-Living
Multiple Space-Ship (film-design)
Verlogenes Bild

1997
EXPO 2000 (Kunst mit A. Middendorf)
Omnipotentor 1
Mentales Objekt
1000 Häuser (mit M. Esser)

1997/98
ZZOOM, Fertighaus (mit J. Reitz)
Glasfresser

1998/99
Haus der Architekten
Angels 1-6
Omnipotentor 2
Unendlich Zuhause (Projekt für die Autobahn)
Idealer Partner
Newstart

1999
Einhundertprozent Leben
Ideale Stadt (Citybuilder 1)
Erwartung
Omnipotentor 3
Körpermöbel 1-5
Athmen 1
Play Rome
Parasit 3
Ausverkauf

AUSWAHLBIBLIOGRAPHIE
SELECTED BIBLIOGRAPHY

Zeitschriften | **Magazines**

Architekt, Nr 21/22, 1995 (Hypo-Bank Prag)
db, November 1995
dbz, Dezember 1994 (Natwalk); Januar 1999
Der Architekt, Febr. 1995 (Der künstliche Weg)
Form, März 1999
Glasforum, Juni 1998
GUM 4, Januar 1999
Leonardo, Januar 1994 (Haus des Konsums);
April 1994 (Parasit 1 + 2); Oktober 1994
Lotus, 73/1991
Mac News, April 1994 (Wohnguerilla)
Wettbewerbe Aktuell, 7/92,
(Bürogebäude Kortmann-Nordkirchen)
Zeitmagazin, Nr. 12, 1998 (Genesis 9);
Nr. 40, 1998

Bücher und Kataloge | **Books and catalogues**

"Rhythmstick", Katalog zum 3. Bauforum Münster
1990

"Architektur Kunstakademie 1977-1992", 3
Projekte, 1993

"Die Geschöpfe des Prometheus", Katalog zur
Ausstellung, Kultursekretariat NRW Gütersloh,
1994

"Das letzte Haus", Katalog zur Ausstellung im
Haus der Architektur, Graz 1995

"Junge Beiträge zur Architektur in NRW", Verlag
H.M. Nelte, Wiesbaden 1996

"Erotisches Museum Berlin", Katalog zur
Ausstellung in der Galerie Aedes, Berlin 1996

"Remote controlled architecture", Monographie,
Verlag H.M. Nelte, Wiesbaden 1998

"Dinge & Sachen", Ausstellungskatalog Villa
Massimo, Rom, 1999

"Förderpreis des Landes Nordrhein-Westfalen
für junge Künstlerinnen und Künstler 1999",
Katalog, 1999

AUSSTELLUNGEN | **EXHIBITIONS**

Deutsches Architekturmuseum,
Frankfurt am Main

Galerie Aedes East, Berlin

Architekturbiennale Venedig

Nederlands Architectuurinstituut, Rotterdam

Kunstsalon der Volksbühne, Berlin

Architettura Arte Moderna, Rom

Haus der Architektur, Graz

Kunstverein Mehrwert e.V., Aachen

AUSZEICHNUNGEN | **AWARDS**

Förderpreis des Landes Nordrhein-Westfalen für
junge Künstlerinnen und Künstler 1999, in der
Gruppe "Architekten, Innenarchitekten,
Gartenarchitekten, Städtebauer, Designer"

ANDRÉ POITIERS

Großer Burstah 36-38 | Burstahhof | 20457 Hamburg | Tel.: 040-37519808/9 | Fax: 040-37519821

1959
geboren in Hamburg

1978
Abitur in Hamburg

1979 – 1981
Tischlerlehre, Asmus Yachtwerft Glückstadt

1981 – 1983
Ausbildung zum Bankkaufmann

1983 – 1989
Studium der Architektur,
Technische Universität Braunschweig

1990
Schweger + Partner, Hamburg

1991 – 1992
Norman Foster, London

seit 1995
freischaffender Architekt in Hamburg

1996
Berufung in den BDA

AUSGEWÄHLTE BAUTEN UND PROJEKTE
SELECTED WORKS

Wettbewerbe und Gutachten
Competitions and appraisals

1992
Städtebaulicher Wettbewerb Bildungszentrum
Emser Straße, Berlin (engere Wahl)

1993
Städtebaulicher Ideenwettbewerb Hamburg-
Rotherbaum (Ankauf)

1994
Geladener Städtebaulicher Realisierungswettbewerb Lüdemann'scher Park, 148 Wohneinheiten
und Sporthalle, Halstenbek (1. Preis)

Geladenes Gutachten Sporthalle Halstenbek,
3-Feld-Sporthalle mit Zuschauern
(1. Preis, z.Zt. im Bau)

Geladener Realisierungswettbewerb Bank
Pinneberg (1. Preis)

Geladener Städtebaulicher Realisierungswettbewerb Stadtzentrum Schenefeld (1. Preis)

Städtebaulicher Wettbewerb Rostock, Stadthafen
2000, Wohnen, Freizeit, Ausstellungen (3. Preis)

Städtebaulicher Wettbewerb Rostock,
Alter Markt (2. Preis)

1995
Realisierungswettbewerb Wattenmeer
Monitoring, Tönning (Ankauf)

1996
Städtebaulicher Wettbewerb St. Marien,
Kirchplatz, Wismar (2. Preis)

Städtebauliches Gutachten, Zentrale des
Deutschen Immobilienfonds in Hamburg (Projekt)

1996/97
Architekturforum "Berlin und seine Zeit"

1997
Städtebauliches Gutachten, Auftraggeber:
DB Imm, Stuttgart 21,Baufeld A1/5 und 1/10,
Verwaltung, Wohnen, Freizeit (Projekt)

Geladener Realisierungswettbewerb
Gemeindezentrum der Johannes-Kirche,
Hamburg (1. Preis)

Beschränkter Realisierungswettbewerb Seaside
Hotel, Hamburg (3.Preis)

1998
"Doughnut", Zentrum für Bündnis 90/Die Grünen
in Berlin, Projektstudie für das "ZEIT Magazin"

1999
Städtebaulicher Realisierungswettbewerb
Düsseldorfer Hafen, Speditionsstraße

Begrenzt offener Städtebaulicher
Realisierungswettbewerb adidas
"World of Sports", Herzogenaurach, in
Zusammenarbeit mit West 8, Rotterdam

Geladener Realisierungswettbewerb Neubau
Regionalverwaltung SÜDWESTMETALL,
Reutlingen (2. Preis)

AUSWAHLBIBLIOGRAPHIE
SELECTED BIBLIOGRAPHY

Zeitschriften | **Magazines**

Industriebau, April 1988, Autohaus der Zukunft,
VAG

Förderpreis des Deutschen Stahlbaus 1990,
August 1990

db, August 1991, "Studenten-Werk"
(Greenpeace-Basis Hamburg, Diplomarbeit,
Laves Preis; Deutscher Stahlbau Förderpreis)

Glas, Architektur und Technik, September 1995,
Ökonomisch und energiesparend Bauen,
"Niedrigenergie-Sporthalle"

DAB, Januar 1996, "Junge Büros berichten"

AIT, Januar 1996 (Sporthalle Halstenbek)

DAB, Oktober 1996, "Neue Medien"

dbz, 1996, "Büro '96: André Poitiers"

Die Welt, 22-8-1996, "Mit 36 Jahren gilt Poitiers
als Visionär der Architektur"

ARKITEKTEN, 1996, "André Poitiers"

Art 4d, Oktober 1997, "Something very
unspecific"

Bauwelt, November 1997, "Die neuen Werkzeuge"

db, Juli 1998, "Alien – die Wiedergeburt"
(Sporthalle Halstenbek)

ARCHITEKTUR + WETTBEWERBE, Juli 1998,
"Bauen für die Kirche" (Gemeindezentrum der
Johannes-Kirche, Hamburg)

DIE ZEIT, Magazin Nr. 37, September 1998,
"Hier geht's rund"
(Doughnut, Zentrum der Grünen in Berlin)

dbz, 1998, Büro-Spezial

Baumeister, 1998, Junge Architekten in
Deutschland

Bauwelt, Februar 1999, Die Wochenschau,
"Dat Backhus"

Detail, Februar 1999,
"Bäckerei-Café in Hamburg"

Lotus 100, Mai 1999, New Pop Architecture
"X-files. Unidentified Objects on Planet
Architecture"

dbz, Oktober 1999, "Bäckerei-Café in Hamburg"

Bücher und Kataloge | **Books and catalogues**

autotektur 2000. Konzepte für das Autohaus der
Zukunft, Quadrato Verlag, 1988

Architektur in Hamburg, Jahrbuch der
Architektenkammer Hamburg, 1995

Junge Beiträge zur Architektur, Verlag H.M.
Nelte, Wiesbaden, 1995

Architektur in Schleswig-Holstein 1990-1996,
Sporthalle Halstenbek, 1996

André Poitiers Projekte 1993-95, Buchreihe mit
Ingenhoven, Overdiek und Partner (Düsseldorf);
Bothe, Richter, Teherani (Hamburg); Becker,
Gewers, Kühn und Kühn (Berlin); u.a., Verlag
H.M. Nelte, Wiesbaden, 1996

Galerie Aedes, Ausstellungskatalog, Berlin 1997

Wohnen in der Stadt – Wohnen in Hamburg.
Lüdemannsches Grundstück,
Ausstellungskatalog BDA, 1997

Dirk Meyhöfer, Rotterdam/Hamburg –
Veränderungen am Strom,
Ausstellungskatalog, 1997

Architektur in Hamburg, Jahrbuch der
Architektenkammer Hamburg, 1997,
"Baustellenbilder" (Sporthalle Halstenbek)

Architektur in Hamburg, Jahrbuch der
Architektenkammer Hamburg, 1998

Ausstellungskatalog des NAi, Rotterdam, 1998

Architektur in Hamburg, Jahrbuch der
Architektenkammer Hamburg, 1999

AUSSTELLUNGEN | **EXHIBITIONS**

1997
AEDES West, Galerie und Architekturforum,
Berlin

1998
NAi, Nederlands Architectuurinstituut,
"Hamburg – Rotterdam"

MITARBEITER | **COLLABORATORS**

Büro- und Entwurfsleitung Office and design
partners: Ulrich Engel, Martin Michel,
André Poitiers

CAD Administration | **CAD administration:**
Jochen Dinkel

Leitung CAD Visualisierung | **CAD visualization:**
Benjamin Holsten

Mitarbeiter | **Staff:**
Ümit Erdogan, Annette Fuhrmann,
Yvonne Hermann, Ulf Hillebrand,
Thomas Ladehoff, Almut Overmeier,
Kirsten Sieverding, Tarkan Tabasar, Jens Winter

WOLFRAM POPP

Chorinerstraße 56 | 10435 Berlin | Tel.: 030-44053703

1957
geboren

Selbststudium der Architektur, anerkannt mit
Dipl. Ing. an der Fakultät für Architektur und
Stadtplanung TU Stuttgart

außerdem Studium Verpackungsdesign,
Photographie, Kunst, Philosophie

seit 1984
Wettbewerbe und Bauten

1990 – 1995
Entwurfsseminarreihe "Macht und Ohnmacht der
Ideen" an der TU Berlin für die Prüfungsfächer
Entwerfen, Städtebau, Planungs- und
Architektursoziologie als selbständige
Lehrveranstaltung am Lehrstuhl Prof. Manfred
Throll

1996
vier Monate Lehrtätigkeit an der Bauhaus-
Universität Weimar für Grundlagen des
Entwerfens und Gebäudekunde

seit 1994
Büro popp.planungen berlin

AUSGEWÄHLTE BAUTEN UND PROJEKTE
SELECTED WORKS

1984
"Kunstmuseum und Kunsthalle Bonn",
Realisationswettbewerb

1984
"Innerstädtische Sporthalle", Entwicklung einer
leichten Stahlkonstruktion und eines Spielortes,
Ideenwettbewerb, Anerkennung Deutscher
Stahlpreis

1984 – 1986
"Sets", Projekte als Filmarchitekt, Konzeption und
Bau fiktiv gestalteter Alltagswelten, Science-
Fiction-Spielfilmproduktionen für Roland
Emmerich, Centropolis Filmproduktion und
Filmverlag der Autoren München

1985
"Wahrzeichen für Hannover",
Realisationswettbewerb mit Prof. Humpert,
Prof. Nagler und Prof. Joedicke

1985
"Milchbar mit InterNett-Anschluß",
Ideenwettbewerb für eine Verkehrsinsel

1985
"Sozialer Wohnungsbau in Berlin-Grunewald",
Entwurf

1986
"Galeriegebäude mit Park" in den Londoner
Docklands, Ideenwettbewerb

1987
"Völkerkundemuseum in Frankfurt",
Realisationswettbewerb

1987 – 1988
"ansiedeln", Projekt für einen öffentlichen Raum
als Kontext eines argumentativen Informations-
systems für Jedermann, ein Stück Stadt und ein
Programm für Berlin

1989
"Ausstellungshalle documenta Kassel",
Realisationswettbewerb mit Eran Schaerf

1995
"Universal-Support", Studienprojekt zu den
Beschlüssen der G7-Staaten, Telemedien und
Architektur

1995 (Fertigstellung)
"Mediummulti", raumbildender Umbau einer
Fabriketage zu Arbeits- und Besprechungs-
bereichen für die Firma Pixelpark Multimedia
GmbH Berlin

1998 (Fertigstellung)
"Estradenhaus", siebengeschossiges
Wohngebäude in Berlin-Prenzlauer Berg

AUSWAHLBIBLIOGRAPHIE
SELECTED BIBLIOGRAPHY

ARD, Felix Oehler, "Prenzlauer Berg", 1999

Jahrbuch der Architektenkammer,
"Architektur in Berlin 1999"

K. Mustroph, "Neues Deutschland "99"

Berliner Zeitung, Hans Wolfgang Hoffmann,
"Die Befreiung des Höhlenmenschen", 1999

Léonce, Ralf Wollheim, "Loft Living", 1999

Tagesspiegel, Ulf Meyer,
"Kiemen zum Atmen", 1999

Bauwelt 7/1999, Kaye Geipel,
"Trennwände in Bumerangform"

ORB, Polylux-Magazin, Lutz Ehrlich, TV-Porträt,
1998

Skyline, Tanja Fiedler, "Leben ohne Sichtschutz",
1998

Bauwelt 31/1998, Dagmar Hoetzel,
"Das Estradenhaus", und Kaye Geipel,
"Rücksichtslos flexibel?"

Tagesspiegel, Ralf Schönball, "Lieber 'Blubs'
neben 'Aquarien' als Teeküchen", 1997

Werkbundpublikation, "Das Büro der Zukunft"

Tagesspiegel, Nikolaus Bernau, "Haben die Büros
von morgen Sex-Appeal?", 1996

Office Design, W.O. Geberzahn, "Bürovisionen",
1996

Office Design, W.O. Geberzahn, "Schwünge,
Pendel und Propeller", 1995

Bauwelt 1984, "Ein Wahrzeichen für Hannover"

AUSSTELLUNGEN | **EXHIBITIONS**

Galerie EIGEN+ART Berlin,
"Home is where the heart is",
eine Installation von Rémy Markowitsch, 1999

Aedes-Galerie Berlin,
"Wohltemperierte Architektur",
Ausstellung des Workshops, 1994

Meta 1, "Die Kunst und ihr Ort",
ein Beitrag mit Eran Schaerf, 1992

DAGMAR RICHTER

729 Navy Street | Santa Monica | CA 90405, USA | Tel. + Fax: 001-310-396 5676 | e-mail: drichter@ucla.edu

1955
geboren in Ludwigshafen

1976
Vordiplom Universität Stuttgart

1982
Architekturdiplom der Königlichen Kunstakademie Kopenhagen

1982 – 1986
eigenes Studio in Kopenhagen

1984 – 1986
Postgraduiertenstudium bei Peter Cook an der Städelschule, Frankfurt am Main

1986 – 1988
Gastprofessur an der Cooper Union, New York

1986 – 1989
eigenes Studio in Cambridge, Massachusetts

1988 – 1989
Assistant Professor an der Graduate School of Design, Harvard University

seit 1989
eigenes Büro in Los Angeles

1991
Gastprofessur an der University of Illinois, Chicago

1992
Gastprofessur am SCI-ARC, Los Angeles

1996 – 1997
Gastprofessur für Theorie und Entwurf an der Kunsthochschule Berlin-Weißensee

1997
Gastprofessur an der Columbia University, New York

1997 – 1999
Professorin für Theorie und Postgraduierten-Entwurfsprojekte an der Kunsthochschule Berlin-Weißensee

seit 1998
Associate Professor an der UCLA, Los Angeles

AUSGEWÄHLTE BAUTEN UND PROJEKTE
SELECTED WORKS

1983
Internationaler UNESCO-Wettbewerb für eine Stadt der Zukunft, mit Peter Lunding (1. Preis)

1985
Wettbewerb Hafen Kopenhagen (Erwähnung)

1987
Shinkenshiku "Central Glass", mit Ulrich Hinrichsmeyer (prämiert)

1988
West Coast Gateway-Wettbewerb, Phase 2, mit Shayne O'Neil (prämiert)

1988 – 1989
Renovierung und Neubau für eine Wohnbebauung in Cambridge (fertiggestellt)

1990
Wettbewerb für ein Fernseh-Museum in Mainz

1990 – 1991
Bau eines zeitgenössischen Schauspielhauses, Pacific Palisades

1990 – 1993
Entwurf eines Anbaus an ein Haus von Richard Neutra

1992
Internationaler Ideenwettbewerb "East Meets West", Tsibilisi, Georgien, mit Ulrich Hinrichsmeyer (letzte Runde)

1992
Internationaler Ideenwettbewerb Berlin-Spreebogen

1993
Internationaler Architektur- und Städtebauwettbewerb für die Königliche Bilbliothek in Kopenhagen (2. Preis)

1994
Internationaler 9. Shinkenshiku-cha Membran-Wettbewerb "Superspace Working" (1. Preis)

1997
Internationaler Entwurfswettbewerb "Shanghai 2000"

1997 – 1998
Entwurf und Bauleitung für die Renovierung einer multifunktionalen Halle am Architektur-Department an der UCLA, Los Angeles

1997 – 1998
Bau eines Einfamilienhauses in Santa Monica

1998
Van Alen Prize-Wettbewerb, East River, New York

seit 1998
Bau eines Einfamilienhauses in Santa Monica

1999
Eingeladener Wettbewerb Time Capsule New York (2. Preis)

seit 1999
Forschungsstudie Bitterfeld-Wolfen

AUSWAHLBIBLIOGRAPHIE
SELECTED BIBLIOGRAPHY

Zeitschriften | **Magazines**

Baumeister 1985 "Wohnbebauung in Regensburg"

Scala Nr. 3, Mai 1986, Flemming Frost: "Dagmar Richter"

Ung Arkitektur 86, Jakob Pedersen: "Projects, Dagmar Richter"

Arkitekt Nytt Nr. 5, April 1988: "Dagmar Richter"

a+u Nr. 233, Februar 1990: "Dagmar Richter and Ulrich Hinrichsmeyer"

Assemblage 14, April 1991: "Reading Los Angeles: A Primitive Rebel's Account"

siteWORKS, UCLA Journal Vol. III, 1992: "Observing the In-Between; A Critical Dialogue"

Journal of Philosophy and the Visual Arts 2/1992: "The Art of Copy"

Square, Mai/Juni 1992: "Architectural Design Theory, Education and Practice"

Louisiana Revy 33-2 Februar 1993, François Court Payen: "Dagmar Richter"

L'Architecture d'aujourd'hui 290, Dezember 1993: "A Child's Guest House"

Assemblage 29, April 1996, Dagmar Richter: "Spazieren in Berlin"

dbz Nr. 8, August 1996, Dagmar Richter: "Über den Ort, den Autor und den Ethos der Reinlichkeit"

Newsline, Frühjahr 1997, Dagmar Richter: "Beyond Euclidean Geometry"

DAIDALOS 71, Dagmar Richter: "Flow Versus Boundary: Andrew Zago"

Bücher | **Books**

Dagmar Richter. The Art of Copy: Rereading the City", Katalog zur Ausstellung in der Galerie Storefront, New York 1992

"Dagmar Richter", Katalog zur Ausstellung in der Galerie ROM For Arkitektur in Oslo, April 1993

Dagmar Richter, "A Practice of One's Own", in: Francesca Hughes (Hrsg.), The Architect. Reconstructing her Practice, MIT Press, Cambridge MA

Dagmar Richter, "The Art of Copy" und "Experiments for adequate space creation in the public space", in: the Empty Space, The Public Space, Ausstellungskatalog zum 6. Wiener Architekturseminar 1995, Springer, Wien/New York 1996

"Richter Studio", in: ArchiLab, Katalog zur Ausstellung in Orléans

AUSSTELLUNGEN | **EXHIBITIONS**

1988
Galerie ROM, Oslo, ausgewählte Projekte

1988
Galerie Skala, Kopenhagen, ausgewählte Projekte

1988
Kunsthalle Berlin: "Berlin - Denkmal oder Denkmodell?"

1989
Harvard University, Graduate School of Design: "Current Exhibition", gewonnener Wettbewerb West Coast Gateway

1990
GSAUP, UCLA, Los Angeles: "Currents at GSAUP", Fernseh-Museum in Mainz

1992
Gallery Storefront, New York: "Dagmar Richter", ausgewählte Projekte

1993
GSAUP Gallery, UCLA: "The Art of Copy", ausgewählte Projekte

1993
Galerie ROM, Oslo: "Dagmar Richter", ausgewählte Projekte

1995
Technische Universität Berlin: "Städtebau Anderswo"

1999
"ArchiLab", Ausstellung von 30 jungen innovativen Büros in Orléans